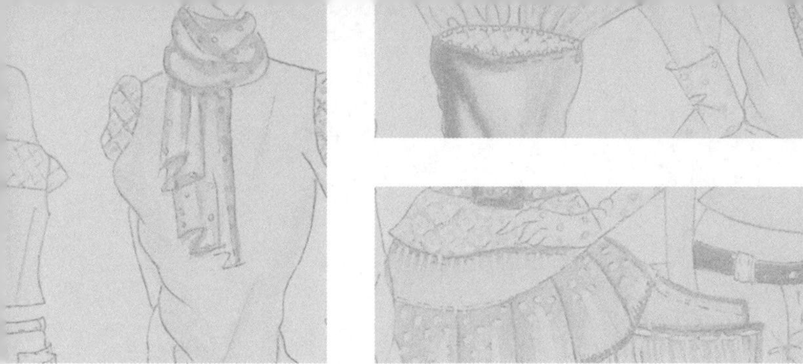

国家级职业教育规划教材

人力资源和社会保障部职业能力建设司推荐

服装品牌策划实务

庄立新　庄立峰　主编

高等职业技术院校服装类专业教材

图书在版编目(CIP)数据

服装品牌策划实务/庄立新，庄立峰主编. —北京：中国劳动社会保障出版社，2012
ISBN 978-7-5045-9818-9

Ⅰ.①服… Ⅱ.①庄…②庄… Ⅲ.①服装工业-工业企业管理-经营决策 Ⅳ.①F407.866.11

中国版本图书馆 CIP 数据核字(2012)第 184931 号

中国劳动社会保障出版社出版发行

(北京市惠新东街 1 号　邮政编码:100029)

出 版 人:张梦欣

*

北京市艺辉印刷有限公司印刷装订　新华书店经销

787 毫米×1092 毫米　16 开本　10 印张　160 千字

2012 年 8 月第 1 版　2024 年 2 月第 3 次印刷

定价：25.00 元

营销中心电话：400-606-6496

出版社网址：http://www.class.com.cn

http://jg.class.com.cn

PREFACE 前 言

改革开放近三十多年以来，中国服装业的持续高速发展有目共睹。随着国内服装市场逐渐向高端需求发展，尤其当大量国际知名品牌进驻国内市场时，中国服装业已经感受到前所未有的压力，由生产加工向自主品牌的战略性转型升级已刻不容缓。

中国服装业转型升级的核心在于高端人才的支撑，尤其对于培养高端技能型人才的高等服装院校来说，着眼行业现实与发展，积极推动实施以品牌战略为目标的，以服装品牌策划与服装商品（产品）企划为引领的高等服装专业教学势在必行。

服装品牌策划是解决高等院校服装专业学生认识、解决当今服装企业在品牌策划与商品（产品）企划工作中一系列问题的方法和途径。围绕“服装品牌策划与商品企划”的程序和原理，对服装品牌的市场定位、服装品牌的风格与流行、服装品牌的产品设定、服装品牌的策划、服装品牌的商品企划、服装品牌的营销与管理进行了较为详细的阐述和解析，并辅以服装品牌策划与商品企划的实例进行详解说明，试图为高等院校服装专业教学和企业的相关从业人员及广大的服装品牌经营者提供一个比较系统、全面而又具有创新思维的教学方案和职场参考。

本书共分绪论和七个章节，其中全书目录、绪论、第一章、第二章、第三章、第四章、第五章、第六章由常州纺织服装职业技术学院服装系庄立新老师负责编写；第七章由浙江农林大学艺术设计学院、人文与茶文化学院庄立锋老师负责编写，全书由庄立新负责统稿。

本书编写过程中，得到了常州纺织服装职业技术学院冯国平院长、蒋心亚副院长的深切关心；得到了高等教育改革研究方面的专家成丙炎研究员、同行专家曾红副教授等同仁们的大力支持；得到了浙江农林大学艺术设计学院、人文与茶文化学院的各级领导和同行专家们的大力支持；得到了东华纺织集团常州顶呱呱彩棉服饰有限公司、安莉芳(常州)服装有限公司、深圳歌力思服饰有限公司等国内知名企业的大力支持；更要感谢的是江南大学纺织服装学院吴志明教授、魏取福教授、沈雷教授；梁慧娥教授等老师们，是他们在百忙中给予我多方的指正，在此谨代表全体编著人员深表感谢。

庄立新

2012年3月18日于常州纺院

内容提要

本书根据我国服装行业自主品牌战略的部署，围绕“服装品牌策划与商品企划”的程序和原理，对服装品牌的市场定位、服装品牌的风格与流行、服装品牌的产品设定、服装品牌的策划、服装品牌的商品企划、服装品牌的营销与管理进行了较为详细的阐述和解析，并辅以服装品牌策划与商品企划的实例进行详解说明，力图使本书成为读者系统了解现代服装品牌策划与商品企划在概念、过程、方法和规律的一种实用而快捷的途径，以体现本书“实用性与适用性相结合”的宗旨。

本书原创图例丰富、直观，论述系统而专业性、针对性强。不仅是高等院校服装专业中服装品牌策划与商品企划类课程的教材，还可以作为从事相应工作的专业人士以及服装技术、管理、营销人员的工具书和参考资料。

CONTENTS 目录

绪 论

服装成为商品始于何时，在人类历史上很难追溯到某个确切的年代。宽泛地讲，可以认为服装商品出现于人类懂得衣被身体并发生物币交换的时候。

一、服装品牌的产生与演变

长久以来，因受物质匮乏的限制，人们通常赋予衣着以特定的精神含义。在中国古代和欧洲的中世纪，服装一直承担着“昭名分、辨等威、成教化、助人伦”等法律和社会道德功能，唯其如此才对其造型、结构、色彩、图案、制作方式、销售方式等方面制定出严格的规程。因而从时代的差异性上比较，服装作为特定社会环境中的商品，与现代所约定俗成的商品概念有很大区别。

在工业化时代到来之前，服装制作长期作为家庭手工艺而存在，其消费对象也大多局限于家庭成员和家族及亲属成员，有限的服装售卖通常以成衣作坊和估衣（二手服装）店铺为主要渠道。因此，服装品牌产生的始源就是这些作坊和店铺，在中国被称为“招牌”和“字号”，在古代欧洲则被称为“Brand”。

工业革命以后，人类的物质生活丰富起来，但在相当长的时期内，商品仍然供不应求，服装市场长期处于卖方控制下，企业所考虑的只是如何提高生产效率，对生产什么、适合哪些人、适合哪些场合、适合生产多少数量（市场需求量）、如何销售等问题则考虑得很少。然而，第二次世界大战以后，由战争激发的科技创新和战后全球自由贸易系统（WTO）的形成，以及世界各国人口素质的迅速提高使世界经济得到快速增长。20世纪80年代以后，世界服装市场很快由卖方市场转变成为买方市场，供过于求而无人问津的服装迅速成为企业面临生存的主要压力。于是，为了获取一定的服装市场份额，企业在产品开发时必然寻求差异化竞争的途径，从而展现出为某一群体乐于消费的特色与个性。为此，企业必须以一种名称、符号、标签等形式为自己的产品设置保护措施，明确区别于竞争对手的同类产品，以保证企业获得稳定的消费群体和市场份额。

服装品牌随物质生活水平的提高而出现。毋庸置疑，现代人们的衣着观念早已今非昔比，尤其近30年以来，人类社会变化着的一切无不推动或影响着消费市场的急剧转型。市场细分就是一个明显的例证，那种成人化的童装和所谓适合18～80岁女性穿着的女装，似乎在一夜之间就变得令人乏味而可笑。如果说物质条件的改善使人们需求层次得到提高，那么由此而产生的衣着方面的个性与特色正是通过服装市场的细分来体现的，而对市场细分的认知，更使许多成功的服装企业和经营者选择服装品牌模式的商品企划作为提高商品品质和经营水平的重要方略。

二、服装品牌的概念

品牌是具有一定认知度和完整形象并有一定商业信誉的产品系统或服务系统。被誉为现代营销学之父的菲利普·科特勒博士认为，品牌是一个名称、名词、符号或设计，或者是它们的组合，其目的是识别某个销售者或某群销售者的产品或劳务，是制造商或经销商加在商品上的用于区别于其他企业的标识。在一定程度上，品牌也是消费者根据不同的需求选择不同商品或服务的凭证和依据，具有便于消费者辨识的功能。因此，品牌是给拥有者带来溢价、产生增值的一种无形资产，而增值的源泉来自于消费者心智中形成的关于其载体的认同印象。

品牌，在中国古代通常称为招牌、字号。在我国远古时代，出现在陶器、青铜器、玉器及其他生活用品上的，用以标注产地、品号、归属等信息的刻画、标记就是品牌的原始形式。在古代欧洲，王室宫廷往往要求手工业者在生产出售的产品上标出个人标记作为追究其责任、管制处罚的手段。这些都是品牌的雏形。

当今社会，随着生产技术的发展和营销渠道的多元化，消费者对品牌有了更多选择。对一个企业而言，如何突出自己的产品，如何定位自己的品牌，如何进行有效的品牌营销策划，这方面的比重已远远超越产品本身而显得更重要。

服装品牌是指具有一定市场认知度、形象较为完整的并有一定商业信誉的服装产品系统。通俗地说，就是以品牌理念经营的服装产品。

作为服装品牌理念的重要支撑，市场营销学产生于19世纪末到20世纪20年代的美国，第二次世界大战以后，市场营销理论及研究被企业界广为重视，到20世纪80年代，市场营销学与其他学科关联并开始形成现代营销学的理论体系。

面对琳琅满目的服装品牌，大多数服装消费者选择服装时，首先是根据自己的需要认出或想起自己所熟悉的某个品牌，然后寻求能满足其所需要的功能和能承受的价格的商品，接下来就有可能成交了。对一般消费者而言，他们不可能知道所有服装品牌和所有服装产品的功能，他们中的绝大多数人也不具备专业人士的鉴别能力，最稳妥、最趋同的选择消费的方法就是认购获得大家认同的、品质优良并具有一定社会影响力的品牌。

三、服装品牌的构成要素

服装品牌的构成要素包含企业和品牌两个层面，是指涵盖品牌特征的基本项目，它的企划工作正是围绕着这些基本项目而展开的。

1. 企业层面

（1）企业拥有品牌的数量与类型。

（2）品牌产品年销售总额。

（3）服装的类别与品种。

（4）各品牌线所对应的目标消费群。

（5）各品牌产品的线路与风格。

（6）面料与服饰品风格特征。

（7）产品的号型规格（尺码）。

（8）产品的价格定位。

（9）各品牌产品的销售网络（终端建设与管理）。

2. 品牌层面

（1）品牌所有人。

（2）品牌年销售额。

（3）品牌注册地址。

（4）品牌授权地址。

（5）注册登记号。

（6）联系方式。

（7）品牌营销方式。

四、服装品牌的类别与构架

服装品牌按照所有者、覆盖程度、影响力、地位和属性等八大类因素可以分为多个类别，不同类型的品牌各自有着不同的市场定位，其品牌架构也有着很大差异。

1. 服装品牌的类别

（1）按品牌的所有者分类：制造商品牌、经销商品牌、零售商品牌等。

（2）按品牌的覆盖程度分类：国际品牌、国内品牌、区域品牌等。

（3）按品牌的影响力分类：顶级品牌、强势品牌、弱势品牌等。

（4）按品牌在企业中的地位分类：核心品牌（主线品牌）、延伸品牌（二线品牌）等。

（5）按品牌在市场中的地位分类：主流品牌（大众品牌）、个性品牌等。

（6）按属性分类：原创品牌、模仿品牌、假冒品牌等。

（7）按品牌的创设时间分类：传统品牌、新创品牌等。

（8）按品牌的奖级分类：国际名牌、国优名牌、省优名牌等。

2. 服装品牌的构架

品牌是一种无形资产，有效地运用品牌资产就可能使其不断增值。服装品牌的架构是指一个企业需要多少个品牌、品牌与品牌之间是什么样的关系。因此，服装品牌架构贯穿在整个企业的市场策略之中。有许多企业盲目地、无限制地延伸自己的品牌，这属于一种不当运用品牌资产的行为，对企业经营而言是很危险的。

（1）如何建立服装品牌架构。品牌不仅是一个知名度，而且是指导一个企业生存与发展的行为理念，正所谓“名副其实”，再好的品牌广告与传播如果没有足以支撑其知名度的企业、品牌理念、产品线路等实质内容，就不可能塑造出一个真正的品牌。

企业商业策略的着重点是产品，但企业要想真正完整地建立一个品牌，则需要在商业策略后面有一个品牌策略去整合所有的方面，包括企业的产品、人事制度、广告、公关以及其他与品牌相关的行为。可见，品牌的架构就是：从品牌的角度出发，当以组织结构作为一个系统的整体时，如何去构建与传播者、旗下各部门以及战略联盟之间的关系。

为了获取更多的市场份额，一方面，企业不惜扩张组织系统以并购（合并）或开设二线、三线品牌的方式攻城略地，但另一方面，扩张之后的经营成本、管理难度、风险及其复杂性也同时大大增加，而相比单一品牌来说，这些风险显然要小得多。因此，面对快速变化中的市场，先要确定好服装品牌的架构，确定集团公司、子公司、企业各部门、品牌产品线等各自的职能，然后发挥整体的综合效能。

（2）服装品牌架构的类型。如果从市场化角度去看服装品牌架构，品牌架构一般有多品牌构架和单一品牌构架两种类型。两种类型都是服装企业常用的市场策略，只是由于经营理念和品牌定位策略不同而有所选择。

1）多品牌架构：路易威登（Louis Vuitton，简称LV）集团是典型的多品牌公司，是多品牌架构的杰出代表。LV旗下的迪奥（Christian Dior）、纪梵希（Givenchy）、高田贤三（KENZO）、芬迪（Fendi）、CalvinKlein(CK)、克里斯蒂·拉夸（Christian Lacroi）等都是世界一流奢侈品品牌。不同定位的品牌占据着不同的市场份额，满足着不同消费群体的需求。多品牌架构的公司还有范思哲、高田贤三等，见表0—1。

表0—1 品牌及其扩展

设计师	品牌名称	服装类别
范思哲	Gianni Versace	高级时装品牌
	Versace Classic V2	经典男装品牌
	Versace Jeans Couture	牛仔装品牌
	Versus(纬尚时)	二线青年装品牌
	Young Versace	童装品牌
高田贤三	JUNGLE JAP(丛林中的日本人)	高级时装品牌
	KENZO(高田贤三)	成衣品牌
	JUNGLE KENZO(丛林中的高田贤三)	青少年装品牌
	KENZO CITY(城市中的高田贤三)	女装品牌
	KENZO HOMME	男装品牌
三宅一生	Issey Miyake	高级成衣品牌
	Issey Sport	运动装品牌

2）单一品牌架构：夏奈尔（CHANEL）品牌是单一品牌架构策略运用得最为成功的例子。夏奈尔品牌（见图0—1）的产品种类丰富，服装、珠宝、配饰、化妆品、香水等应有尽有，特别是夏奈尔时装和香水，长久以来都是优雅、时尚的代名词。相对于企业的多品牌架构，单一品牌更有针对

图0—1 夏奈尔品牌商标标志

性，目标也更明确。

五、服装品牌策划的原则

为了实现服装产品利润的最大化，服装企业的品牌策划都是围绕自身产品所对应的目标消费群而展开，同时也受到国家法律法规、社会文化道德和地方风俗习惯等因素的影响，体现在服装品牌策划工作中的具体要求可归纳为以下五个“必须”。

1. 必须符合法律、道德、文化与风俗习惯

服装品牌策划一定要在法律许可的范围内展开，避免出现侵权和其他违反法律规定的行为。例如必须符合商标法的规定，进入合法的注册程序。

2. 必须符合市场消费群的需求

服装品牌按照品牌的市场定位而策划，因此，必须满足所针对的细分市场中消费群体的需求。例如高、中、低不同消费群体所对应的消费品牌有明确的差异，这不仅影响着品牌的形象塑造和产品结构，更决定着品牌的销售区域和经营模式。

3. 必须符合产品风格，塑造个性特色

服装品牌与服装风格的定位应完全一致，名称与读音应引起消费者与风格相类似的联想，从而使服装品牌惯有的特征能够快速反映到消费者的感官系统，提高服装商品成交率，反之则应避免。例如，服装品牌的名称不能听起来像家电或食品的名称。所以，成衣品牌的命名要考虑这些相关因素，以免与其他类别的商品混淆。

4. 必须简明扼要，适合所有媒体

服装品牌的名称应简洁明了，字符不能过长过繁，要容易“拼、读、写、记”，而且要“字音清晰”“朗朗上口”。同时，要充分考虑各种广告媒体的传播特征，符合视觉、听觉等途径传播方式的要求。

5. 必须具有可传承性

服装品牌的策划应以符合经典、易于传承为目标。不论在拼读、形象、标志等方面，均应考虑其具备超越时代审美局限的传承性和持久性，避免因追逐一时的时尚潮流而很快显得“落伍”和“过时”。

第一章　服装品牌的市场定位

学习目标：

1. 了解服装市场的细分方法
2. 理解目标市场的设定方法
3. 掌握环境分析的内容，流行信息收集与市场调研的方法

定位就是一种“确定”和“限定”。服装品牌市场定位的实质是对服装品牌及其产品目标市场的一种明确限定。面对纷繁复杂而又瞬息万变的服装市场，服装品牌是通过信息分析、市场调研并结合企业自身的资源来定位目标市场的，其目的是为了在适当的时间为适当的消费群体提供适当的服装产品。不同的消费者，对服装产品的品类、功能、造型、风格等有不同的需求。因此，不同服装品牌的市场定位之间也有天壤之别。

第一节　服装品牌的目标市场设定

爱美之心人皆有之，求美爱美、体现身份、表现个性已是现代人衣生活的主要原动力。在当今激烈的市场竞争中，服装消费者实际上是在按照自己的意愿、喜好、方式选择服装，服装企业品牌策划的首要任务，是设定与品牌相对应且合乎企业有效资源水平和能力的目标市场。

一、市场细分

面对企业资源的有限性和消费需求的多样性，企业必须通过深入细致的市场调研进行服装市场的细分，只有找到进入市场的机会，才能在激烈的市场竞争中求得生存与发展。市场细分的关键是将市场的营销能力有效地集中于某一点，从

而有效地节省营销成本和营销时间，快速而有效地占领目标市场。

1．市场细分的类别

市场细分没有绝对标准。一般来说，服装市场的常用细分类别有以下几种：

（1）按地理区域细分。华东、华北、东北、广东、上海、南京等。

（2）按人口统计方式细分。年龄、性别、职业、收入、受教育程度等。

（3）按社会阶层细分。生活方式、社会地位、个性特征等。

（4）按消费行为细分。根据消费群对产品的认知程度、购买频率、购买习惯等将他们划分为不同的群体。

2．常用的市场细分方法

常用于服装商品企划中市场细分的方法种类很多，主要类型见表1—1。

表1—1 服装市场细分方法

细分方法	说　明
根据年龄层、年龄段细分	少年、青年、少妇、妇人、中老年等；16~20岁、18~28岁、25~35岁、45~60岁等
根据生活方式细分	家庭、商务、校园、都市、运动、乡村、旅游等
根据价格细分	昂贵、较贵、适中、低价、廉价。或高档价位、中档价位、低档价位、倾销价、清仓价等
根据季节、假日细分	春、夏、秋、冬、国际劳动节、中秋节、国庆节、春节、暑假、寒假等
根据品类细分	内衣类、裙装类、裤装类、衬衫类、针织装类、西套装类、大衣类、家居服类、服饰配件类等
根据销售方式细分	百货商场、专卖店、超级市场、邮购、网购等
根据销售区域细分	华东、华中、华南、华北、西北、东北、大城市、中等城市、小城市、小城镇等
根据时尚接受程度细分	前卫型、另类型、时髦型、保守型、个性型、从众型等
根据风格细分	阳刚、阴柔、经典、传统、精致、优雅、浪漫、妖艳、性感、另类、复古、奢华、简约、活泼、静谧、朴实、粗犷、严谨、轻松等
根据休闲类型细分	城市休闲装、乡村休闲装、运动休闲装、职业休闲装、家居休闲装等

二、目标市场的设定

服装消费市场由众多消费群组成，每个消费群在消费需求、购买力及购买习惯等多个方面都存在巨大差异。几乎所有的服装企业都有这样的共识，服装企业的服装产品不可能满足市场上所有消费者的需求，所做的只是选择那些服装市场上适合自己的某个或某几个领域，并尽力成为该领域的优势竞争者。

对目标市场的细分只提供了企业对市场的种种选择，面对同一方向的众多子市场，要做出明确选择和准确定位，则还应对此展开一系列调研分析工作，将能收集到的各种有关信息资料进行筛选、分类、论证，从中选择最有利于本企业现有规模和发展方向的目标市场。

商品企划就是实现经营目标的商品运营计划，包括市场调研、信息分析、品牌建设、设计生产、价格战略、营销策略等方面。对服装企业而言，目标市场的范围所对应的商品企划必须明确而具体，对商品的要求以及相关服务也具有一贯性。目标市场的设定可以概括为以下三种类别：

1. 无差异性目标市场

无差异性目标市场指企业将整体市场作为目标市场、以共性消费和规模生产为依托、树立无差异性生产营销理念而进行的商品企划，为市场提供大批量、单一化、标准化的商品，以健全的营销网络统一销售；以低成本、高效率以及合理的营销组合取得价格竞争上的优势。无差异性目标市场定位成功的品牌有可口可乐（饮料）、索尼（电器）、杉杉（西服）、雅戈尔（衬衫）、舒雅（内衣）、安莉芳（内衣）、Lee（牛仔装）等。但须注意的是，服装作为选择性消费品，设定无差异性目标市场策略对大多数中小规模的企业而言并非明智之举。

2. 差异性目标市场

在市场细分的基础上，企业针对自身的条件选择某个（些）子市场，根据特定市场个性化特点的具体要求，制定并实施不同的商品企划方案，设计生产不同风格和品牌的服装，以满足不同目标消费群的需求。差异性目标市场定位成功的品牌有KENZO（高田贤三成衣）、Versace Jeans Couture（范思哲牛仔装）、滕氏（职业装）、真维斯（城市休闲装）、李宁（运动休闲装）、丽婴房（婴幼儿装）、米奇（童装）等。差异性目标市场策略能使企业获得全方位的平衡发展，既避免了单一性目标市场的激烈竞争风险，又能利用针对不同需求层面的品牌效应创造出高附加值。但须注意的是，这种为迎合细分市场需求的产品差异化，必然导致生产、经营成本大幅度提高，一旦运作失误则很难挽回损失。

3. 集中性目标市场

在细分市场基础上，企业选择一个或几个发展潜力大且占优势的专门化市场作为目标市场并重点投入。这种方式能在细分后的子市场中发挥专门化的优势，同时又可避免其他子市场的直接干扰。集中性目标市场这一专门针对个性化市场的设定策略是许多中小品牌、新创品牌一举成功的捷径。此类成功的品牌有淑女屋（乡村风格休闲少女装）、非主流（中性前卫装）、纳帕佳（黑白专色时尚女装）、雷诺蒂亚（黑白专色时尚女装）、衡韵（时尚唐装）、杨成贵（传统唐装）等。值得注意的是，由于品牌的风格和个性过于明显，导致目标消费群的局限性，因而很难使这样的品牌做大做强。而且目标市场所对应的品牌风格一旦定位错误或流行趋向发生逆转，要想维持固有市场、摆脱困境常常很难。

4. 目标市场的架构形式

企业可以根据自身特点，参照以下几个方面的要素确定本品牌商品企划中目标市场的架构形式，如图1—1所示。

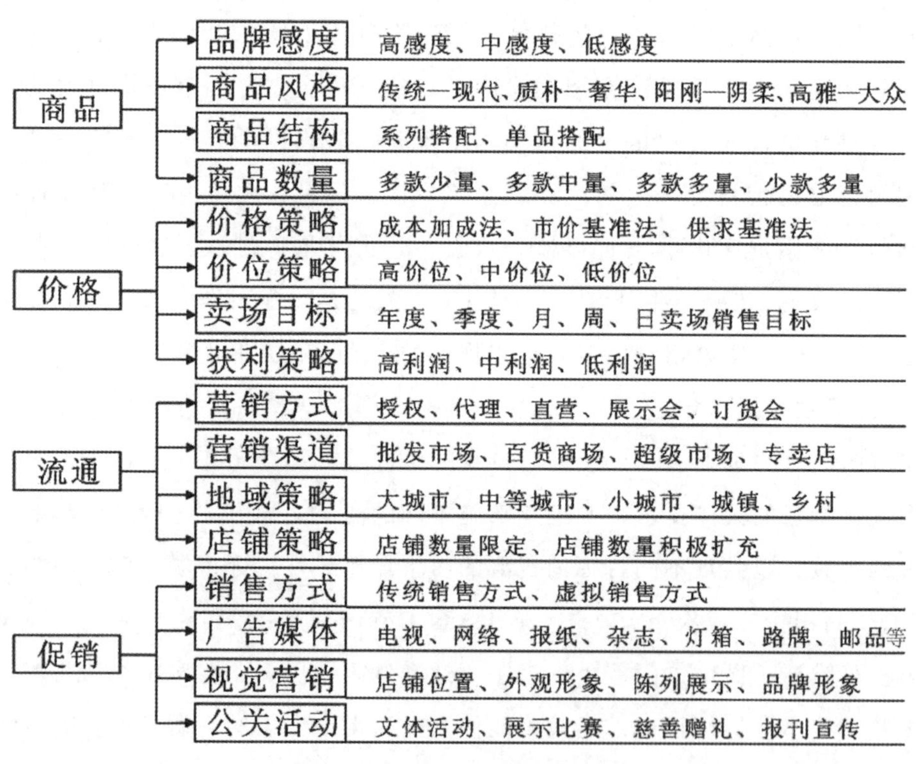

图1—1 目标市场的架构形式

第二节 信息分析与市场调研

市场调研工作是每个服装品牌进入市场之前以及在经营过程中必备的功课，

正所谓“知己知彼，百战不殆”，而市场调研工作的核心就是资讯收集和信息分析。

一、环境分析

服装商品企划所涉及的环境分析可概括为以下三个方面：

1. 宏观环境分析

宏观环境分析是指影响服装市场的政治动向、经济政策、文化思潮、科技发明、产业动向、生活方式、收入水平以及预见或未预见的突发事件等相关因素的分析。

2. 行业环境分析

行业环境分析是指对本品牌企划方案产生影响的服装行业市场环境分析，一般由市场空间、流行信息、销售业绩、消费者调查等多方面因素构成。

3. 企业环境分析

企业环境分析是指对构成影响本品牌企划方案的生产、管理、营销以及其他企业内的相关因素的分析。

二、流行信息与市场调研

1. 流行信息的收集

服装是一种时空艺术，对信息依存度很高，能否及时掌控信息、有效利用信息，这在资讯传媒高度发达、市场竞争异常激烈的当今社会，直接关系到品牌的生死存亡。正因为如此，服装业也被称为“时尚信息产业”。

服装品牌策划所依赖的信息来源极为广泛，形式多种多样。按照服装信息分类的一般方法，通常可将其分为业内资讯和市场资讯两种。

（1）业内资讯。业内资讯是指服装行业乃至整个时尚产业内部发布的流行资讯，如流行色预测、服装流行风格、国内外相关政策等与服装产业相关的资讯。业内资讯一般由本行业的相关机构提供，也有一些专门从事业内资讯收集的信息公司负责出售。在国际流行时尚的发源地如巴黎、米兰、伦敦、纽约等的各大时装公司每年分春夏秋冬发布下一季的流行趋势，这些引领世界时尚和产业导向的流行信息，在时尚产业领域决策者的策划运作下，通过电视、网络、报纸、杂志等各种强势媒体广为传播，使全世界各地的消费者都能不同程度地了解时尚界的最新流行趋势。服装品牌策划人员应在第一时间内通过专业资讯渠道和各类媒体，掌握时尚界最新的流行信息资料，并善于从有关的动态影像、图片、文字等资料中汲取重要的流行信息，找到适合本企业品牌所需的流行风格元素，为我所用，经充分化解后融合到品牌产品的设计中去。

（2）市场资讯。市场资讯是指某一特定品牌所选定的目标市场在某一阶段的消费倾向。此类信息除了可以参阅专业机构或媒体对市场资讯的报道外，还可以通过市场调查的方式获取。为服装品牌策划而进行的市场调查是影响服装企业经营活动的信息收集工作。

一般而言，市场调查既可以在闹市和商场两种实体环境中开展，也可以在网络等虚拟环境中进行。

1）闹市观测法：在人流量较大的闹市区定点观察流动人群，现场观察日常生活中不同性别、不同年龄的人们对服装面料、服装色彩、服装款式、服装图案、饰品种类，以及穿着搭配方式的选择等方面。

2）商场观测法：通过商场进行观测调查，现场观测不同消费者的消费特征，了解本季消费者对什么种类的服装感兴趣，哪些品牌产品的哪些元素（如设计、面料、图案、结构方式、工艺手法、外观品质等）受到消费者的欢迎，哪些是目前的主打商品，哪些是现在的热销商品，有条件的市场调查人员可以从商场收银处或卖场售货处的底单上查阅到商品的销售情况。

3）网络观测法：通过浏览购物网站，调查不同品牌、不同价位的服装在消费群体中的表现，了解商家推销的重点和消费者关注的热点。同时可以将相同目标市场定位的网站从品牌风格、产品结构、价格定位、设计元素、售后服务等多个方面进行综合比对，客观地了解网络市场的信息。此外，通过网络还可以尽可能多地了解竞争对手新产品开发的信息以及替代产品的竞争潜力。

（3）流行信息报告。服装流行信息的收集工作一定要通过适当的表达方式体现出来，其中，图文并茂的报告书是最常见、最直观有效的形式。国际上一些研究流行趋势的专门机构以及各大纺织原料及半成品、成品的行业组织或知名企业，大多采用这种形式来发布他们对流行趋势的预测信息。

服装流行信息报告的内容一般由主题名称、意境图、消费定位、服装风格、造型特征、色彩及面料、品类分布、服饰配件等多个方面组成。

1）主题名称：根据国际流行趋势的信息，阐述符合一定目标消费群的时尚趋向，是一种具有代表性的流行元素的适当抽象。

2）意境图：意境图作为流行趋势的载体，是图解化流行语汇的浓缩，是以直观图像和重构色彩的形式表现公众的新兴趣和消费方式的普遍看法。

3）消费定位：阐述有关新一季流行趋势对特定消费群影响后的针对性策略，如目标市场的新动向以及相应对策等。

4）服装风格：用图形、符号或文字（阐述主题思想的抽象词汇）表现的新一季服装的主体特征。

5）造型特征：用图示+文字的形式表现廓形线、结构线、细节特征等新一季服装的造型特征。

6）色彩及面料：用图示+文字的形式表现材料、质感、图案、纹样等新一季服装的色彩及面料特征。

7）品类分布：根据流行主题以及特定消费群的衣生活方式，选择在新一季中适合他们的服装品类要求，使服装品类分布更加合理。

8）服饰配件：根据新一季产品的流行特征，选择与之相适合的服饰品和配件，可以用图示的方式表现出来。

2. 市场调研的方法与相关内容

市场由供给和需求双方组成，彼此互为因果。市场调研不仅要对需求方进行调研，对供给方的调研也不能忽视。调研就是获取信息、了解情况，是认识事物、认识社会的重要途径，研究就是分析归纳、判断推理。因此，市场调研是指收集影响企业经营环境的数据情报，并进行分析、归纳、总结，为服务于成衣产品企划而进行的一系列有体系的活动。

市场调研是服装企业有效利用信息情报展开营销活动的基础，与企业的发展生存关系重大，通过市场调研可以告知企业经营者，目前市场环境如何，自身与竞争对手在市场中的境况如何，下一步该如何去做等资讯。有效的市场调研应及时准确，并有计划、系统、有针对性地展开。

（1）市场调研的方法

1）访问法：通过访问方式向被调查者了解信息的一种方法。访问调查的方式可分为面谈调查、邮寄调查、电话调查和留置调查。

2）观察法：通过观察被调查者的活动情况，取得调查结果的一种方法。观察法可分为闹市观测法、商场观测法和网络观测法。

3）实验法：通过小规模实验，然后研究是否大规模推广的一种方法。各类展销会、试销会、交易会、订货会等均可被视为这种调查形式。

（2）市场调研的内容

1）目标市场调研：包括目标顾客、实际顾客、消费层次以及预想与实际之间差异性的调研。

2）商品及商场调研：调研售卖场位置（主力或附属）和面积、商品的展示方式、品牌名称、主力商品的风格、造型、材料、色彩以及各款数量和各种色彩之间的比例等。

3）营销实绩调研：各品类的价格范围、该品牌的中心价格带以及商品结构等。

4）相关企业经营状况的调研：通过观测和分析等适当的途径获取此类信息。

5）其他相关因素的调研：对售卖人员数量、素质、销售方式等相关因素进行调研。

（3）市场分析。市场分析的过程就是在调研的基础上通过因果关系找出问题和隐患。通过市场分析，企业会发现不同的消费群及其在市场需求上的空白，这就是通常所说的“商机”。

1）市场潜力分析：从细分市场的年销售额入手，分析该产品的需求状况和趋势，确认其是否具备市场潜力。

2）市场购买力分析：市场购买力决定着企业能否依赖产品投入而获得利润，如果购买力不足或很低，即使市场存在，企业也不能从中获利。

3）市场竞争与趋势分析：好的目标市场应存在未被满足的需求空间和空缺，并且要有较强的购买力和较大的市场规模，在市场竞争方面还应具备竞争对手少、被控制面小、本企业具有更强的竞争优势等条件。

4）本企业开拓市场能力分析：目标市场选择应与本企业的综合实力相适应。只有当企业综合实力提升到与目标市场相适应的层次，才可能通过正常运作在市场中获得一席之地。

（4）市场预测。市场预测是在市场调研基础上，根据已掌握的信息和供需动态发展的一般规律，运用经验知识与科学推理，去推断和预测市场今后发展趋势的一项工作。市场预测不仅要做出定性的论断，而且要做出定量估计和评价。市场预测可分为单项产品预测、同类产品预测、产品总量预测和根据消费对象的产品预测，还可分为短期预测、近期预测、中期预测、长期预测等。

（5）市场调研报告。下面通过实例来了解市场调研报告的编写方法。

实例：某一品牌新一季商品的调研报告包括品牌名称与季节、商标吊牌、商标唛头位置、目标消费群分析、本季主题、商品结构、面料色卡等多个方面，如图1—2至图1—9所示。

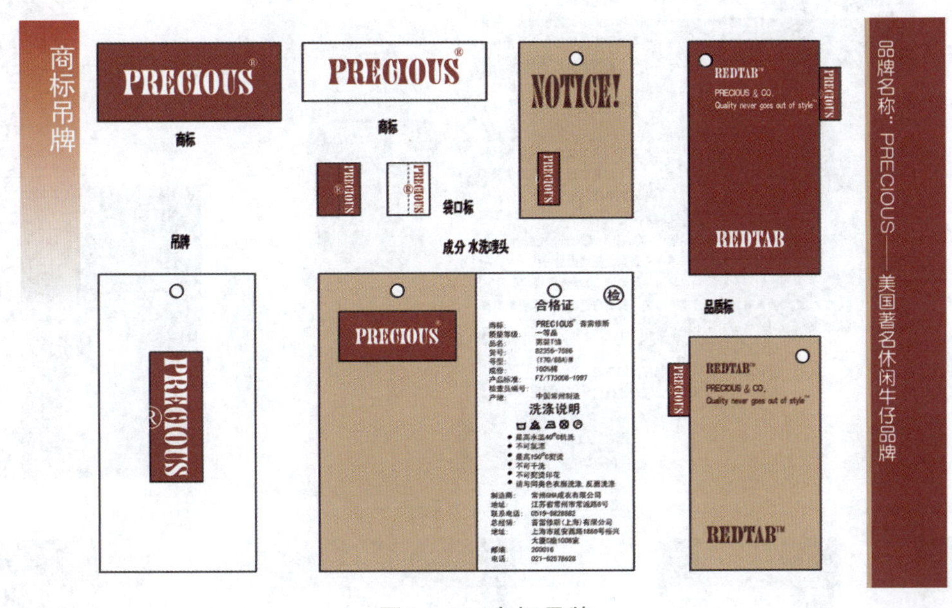

图1—2　商标吊牌

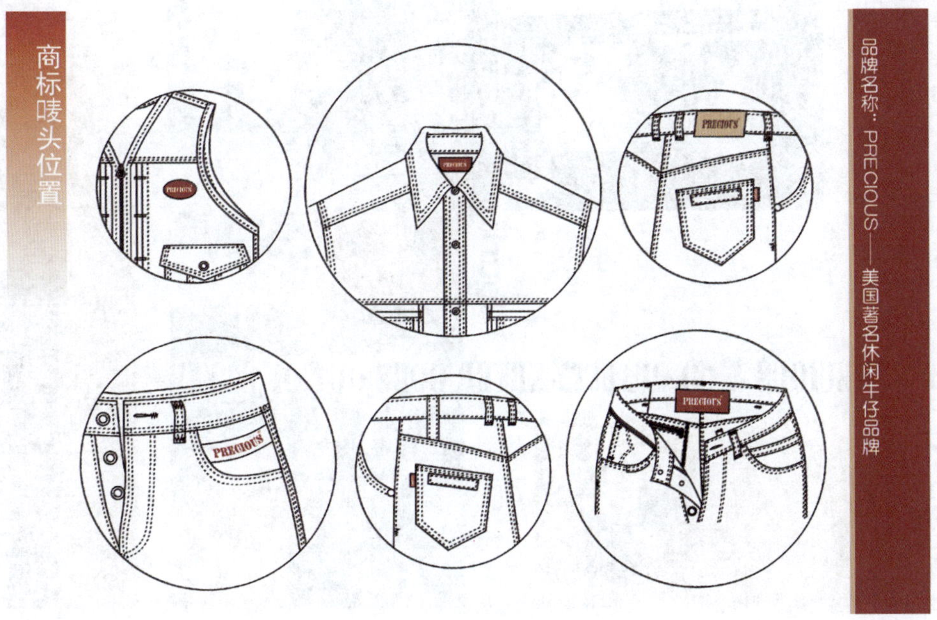

图1—3　商标唛头位置

图1—4 目标消费群分析

图1—5 本季主题

商品结构-1

品牌名称：PRECIOUS——美国著名休闲牛仔品牌

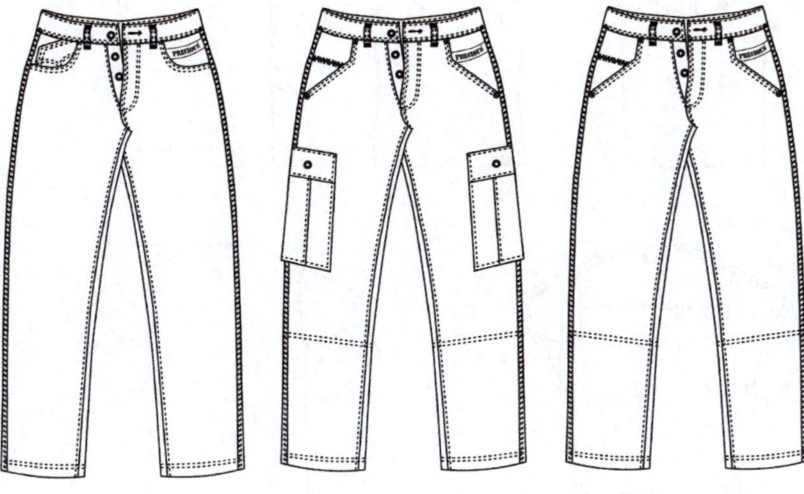

图1—6　商品结构—1

商品结构-2

品牌名称：PRECIOUS——美国著名休闲牛仔品牌

图1—7　商品结构—2

商品结构-3

品牌名称：PRECIOUS——美国著名休闲牛仔品牌

图1—8　商品结构—3

面料色卡

品牌名称：PRECIOUS——美国著名休闲牛仔品牌

图1—9　面料色卡

课后练习

1．根据常用的市场细分方法，鉴别某一服装品牌的市场定位，写出你所认识的该品牌对应于其目标市场定位的各项内容，500～1 000 字（建议采用网络资源）。

2．3～5 名同学组成小组，根据市场调研的方法，实地调研某商场的 1～2个服装品牌，并制作一本服装市场调研图册。

第二章　服装品牌的风格与流行

学习目标：

1. 了解服装品牌风格的类别、服装流行与品牌风格的关系、流行趋势与服装品牌总体风格的基本内容

2. 掌握服装品牌风格基本类型的区分、扩展及分析方法

3. 掌握流行的概念、规律以及流行服装的总体风格、主题、产品的设计方法

服装品牌的风格，是指服装品牌及其产品表现出来的一种综合性的总体特征，而流行则是特定社会群体在特定时间段的某种审美崇尚，是随时间、地点和消费群体等因素影响而变化的。服装品牌的风格可以是符合或追随流行的，也可以是经典的、相对稳定的，服装品牌风格的取向取决于目标市场，一般情况下，目标市场的稳定或变化是服装品牌风格是否发生变化的真正动因。

第一节　服装品牌风格的类别

与其他产品相比，服装产品更加注重品牌风格的审美表征。由于人们审美感觉和审美情趣的差异性和多样性，自古以来，人们不断创造着各种风格的服装造型来满足自身或他人的需要，而今又以品牌风格作为某种感召形式，将具备同一审美取向和消费能力的目标群体集结起来，形成了共享服装的消费市场。

一、服装品牌风格的基本类型

服装品牌一般可以概括为分属男、女性别趋向的八大类基本风格。塑造个性化品牌的细分化风格均可以在这八个类别中进行选择。

塑造品牌的个性风格和特色从来就是品牌建设的重要内容。作为服装感性因素的首要途径，品牌与产品的风格为消费群提供了至关重要的视觉感知。通过市场调研，可以发现，大多数服装品牌会营造出的一种选择某种风格为主体的、多种扩展风格倾向为补充的所谓创新风格，以此形成与其他同类竞争品牌的风格差异。然而，正所谓万变不离其宗，创新风格，其始源却永远离不开服装领域“男性化趋向”和“女性化趋向”所涵盖的八种风格类别，只是根据品牌的市场定位对风格进行不同程度、不同倾向的综合、提炼、强化或杂糅。如图2—1所示，“A”“B”两个品牌在对产品八大类主要风格进行选择之后，还可以进一步细分出各自不同的扩展风格倾向，以构成定位的差别化。

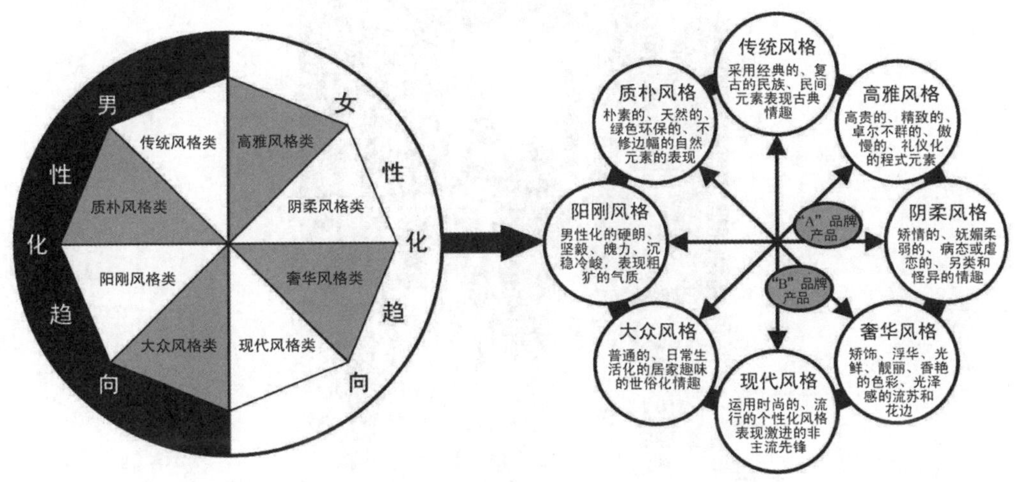

图2—1　服装品牌的基本风格及其组合

1. 男性化趋向的风格类型

（1）传统风格类：追求教条规范、经典传承、保守复古、恒久而又精致完美的风格。

（2）质朴风格类：追求以自然原生态为信条的轻松、随意、逃避、无拘无束，坚持绿色环保的风格。

（3）阳刚风格类：追求内在的刚毅外化为强劲有力的、阳光般的刚强气质，彰显积极向上、刚毅果断的男性魅力的风格（见图2—2）。

（4）大众风格类：追求广受欢迎的、众人喜好并共同参与的一种能够持续的世俗化的风格。

2. 女性化趋向的风格类型

（1）高雅风格类：追求贵族化的典雅、含蓄，显示知性、堂皇、精致与高贵的风格（见图2—3）。

（2）阴柔风格类：追求罗可可式的华美、柔和、纤细而矫揉造作的、神经质的女性化风格。

（3）奢华风格类：追求商人式的浮华炫耀、娱乐化的性感美艳，突显浓重装饰感的金碧辉煌的风格。

（4）现代风格类：追求现代都市化的形式感，展现简约动感、先锋前卫、街头式的风格。

图2—2　男性化趋向之阳刚风格

图2—3　女性化趋向之高雅风格

二、服装品牌风格的扩展类型

男女两大趋向风格在各自的主流领域内又可扩展出多种特色风格。具体类型如下：

1．男性化风格的扩展类型

（1）传统风格类：经典的、雅致的、怀旧的、正统的、复古的、保守的、民俗的。

（2）质朴风格类：平和的、田园的、流浪的、自然的、西部的、蛮荒的（见图2—4）、简朴的。

（3）阳刚风格类：强悍的、激烈的、冷峻的、男性化、粗犷的、阳光的、严肃的。

（4）大众风格类：运动的、世俗的、简约的、活泼的、秀丽的、清纯的、明朗的。

图2—4　质朴风格扩展之蛮荒风格

2．女性化风格的扩展类型

（1）高雅风格类：典雅的、含蓄的、浪漫的、女性化、精致的、圣洁的、崇高的。

（2）阴柔风格类：妩媚的、柔和的、罗可可式的、女性化、病态的（见图2—5）、虐恋的、另类的。

图2—5　阴柔风格扩展之病态风格

（3）奢华风格类：炫耀的、华丽的、性感的、靓丽的、明艳的、修饰感、浮华的。

（4）现代风格类：简洁的、运动的、休闲的、都市的、中性的、街头的、先锋的。

3. 风格扩展的实例分析

一个品牌的风格定位并非孤立的、单一的。从品牌的成功经验看，在当今市场环境中，似乎也只有交叉型、复合型风格的品牌产品更具特色，更能在市场竞争中快速地崭露头角，因此，有与其他品牌相似的风格并不可怕，可怕的是完全雷同而没有自己的特色。

如图2—6所示，“A”品牌与产品在策划定位过程中，可能与“B”品牌与产品的风格有部分雷同和交叉，这是难免也是合理的。但是，个性风格总是需要用差异化的形式表现出来，与众不同但决非完全不同。因此，“A”“B”两个品牌必须在风格的差异化部分体现各自的特色，方能将人们的视野引领到个性和时尚的审美角度。

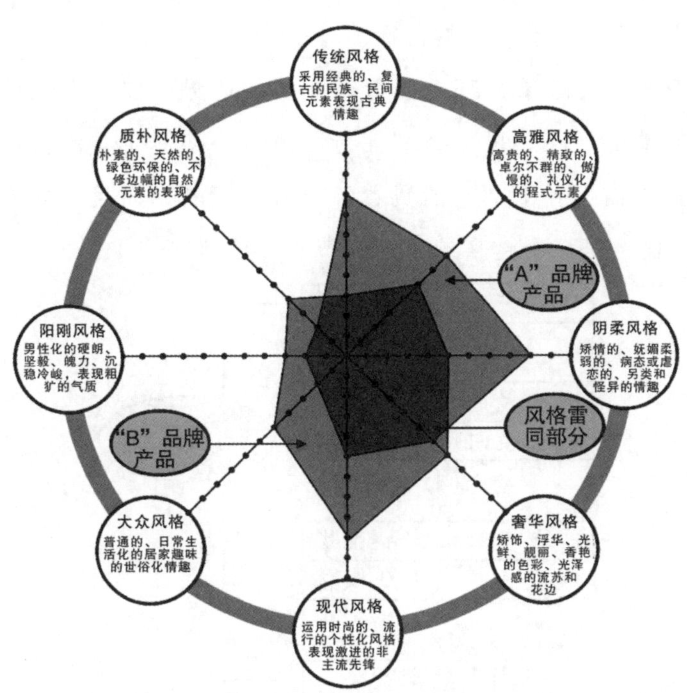

图2—6 两种扩展风格的品牌定位比较

第二节 服装流行与品牌风格的关系

流行是人类在信息传播互动中形成的广泛被某些阶层或某些群体实践和追随的一种普遍的生活方式、生活行为或观念意识。它的形成是某个信息通过传播,被不同群体的成员根据各自的内在需要逐步接受、实践、再传播的过程,在这个过程中某个文化现象被各族群按照各自的生存形态符号化，能够满足各成员的不同需要以及被高效的传播开来。流行内容很广泛，音乐、小说、诗歌、舞蹈、艺术、习俗等都可以形成流行的内容，服装品牌的风格受流行的影响则更深切。

一、服装流行概述

流行是一种在一定时期被一定数量、范围的人，采用模仿的方式共同追求的社会现象，这种现象在服装品牌及其产品的市场推广过程中起到了促销作用。

1. 服装流行的概念

服装流行是指某一个地区的消费群体在某一个时期内广泛喜爱并穿着的服装风格和样式的着装现象。形成服装流行的传播模式是：大众传播影响下的群体内传播和群体与群体之间互动影响的传播。

现代社会中的流行现象大都由流行产业机构造势而成，人们把这些机构形象地称为“流行制造工厂”，可见，“流行”成了一架产生“流行产品”的社会机器，人们在流行机构引导下不断消费着各类流行产品，而且囊括人类生活的方方面面，“流行”已经是一个越来越成熟的产业（见图2—7）。

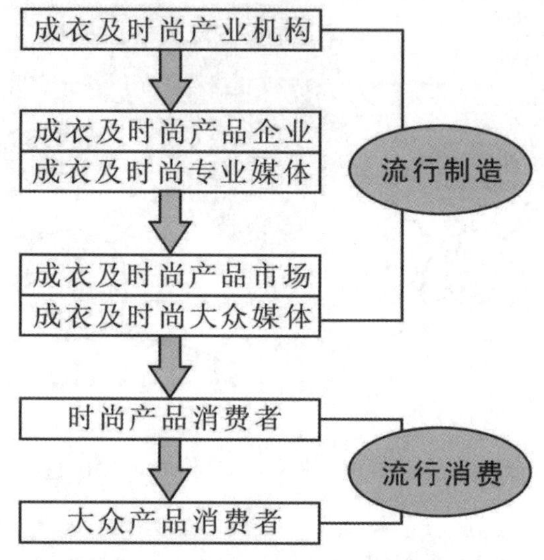

图2—7　流行的制造与消费

2. 服装流行的传播途径

服装之所以能流行，是因为传播在起作用。传播是流行的重要手段和途径，如果没有传播，就没有流行。现代社会服装的流行基本靠资讯传媒和展会传媒进行传播，即大众传媒、广告宣传、专业的博览会、时装表演、名人推广等方式（见图2—8）。

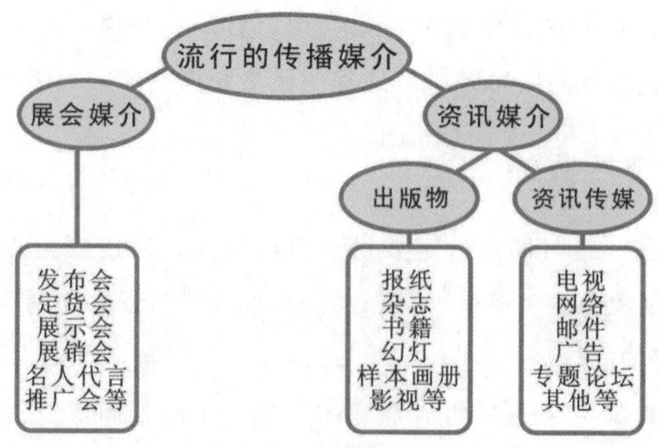

图2—8　服装流行的传播媒介

二、服装流行的一般规律

现代服装流行早已超出自发社会现象的范畴而成为产业机构推动消费市场的工具，因此，服装流行的规律性特征体现得越来越明确。

1. 阶段性规律

服装流行的规律是以新奇为起始至普及而告终。根据社会人群对服装流行的接受程度，一般可分为始发期、上升期、高潮期、消退期四个阶段。这四个阶段共同构成服装流行的周期（见图2—9）。

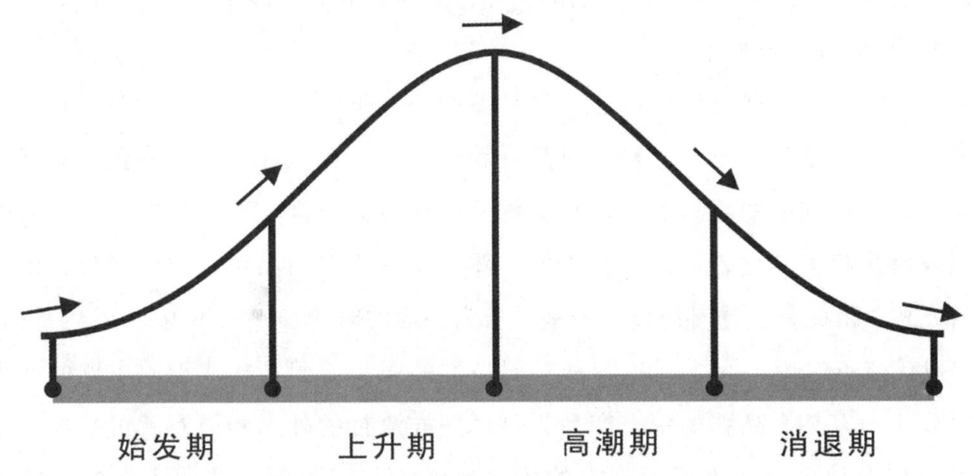

图2—9　服装流行的进程与特征

服装流行的始发阶段是流行的生命起始，虽受众范围小却预示着强劲的发展势态，此时，传媒的作用尤为关键，发布会、展示会、促销会及广告宣传共同主导流行时尚的主流方向。产品多定位于该品牌的主要消费对象，新品带有较浓厚的唯美倾向，以此来扩大影响面。

上升阶段的流行服装免不了调整与修改，多采用系列组构的方法将市场反馈的信息及时反映到完善产品系列、充实产品结构中去，使消费需求尽可能快地成为现实，从而扩大消费群体，同时系列产品的组构形式不仅使流行在共性中体现个性，延长流行的生命周期；还能很大程度上缓解工业化生产中要求大批量、标准化与市场需求多品种、少批量、个性化之间的矛盾。

服装流行的高潮阶段处于盛行期，这时流行样式、着装方式、衣生活观念获得了社会的广泛认同，接受、参与的人数上升到预期的最高指数，对于一个服装品牌而言，表现为消费群极度庞大，目标顾客超出了预计数量。受利益驱使的许多服装企业纷纷将同类产品甚至仿冒产品大量投入市场，很快使市场需求达到饱和，这样流行就进入高潮期。

盛行的结果即是消退期的开始，过剩产品渐渐引不起消费者的购买欲，这时流行成衣已变成司空见惯的大路货，人们的新奇感、个性表现欲因产品的普及而消失，于是各种理由的"打折""回报"引发的价格战妄图再度激起消费浪潮（反季销售就是其中有代表性的手段），然而，即使仍有一些利好消息出现，但终究免不了衰亡和消退，这正是事物发展的普遍规律。因为新的流行早已开始并已进入上升阶段，喜新厌旧的人们的目光已经转移到新一轮的流行中。

2．分类与同步规律

服装的流行具有同步性特征，在过去的千百年间，服饰流行的单一化倾向占主流，由于物质的匮乏，它可能只是一块面料、一种款式、一种颜色甚至只是一条花边、一根饰带的流行。当今社会物质生活极大丰富，对美、对时尚、对个性的追求越来越多样化，展示自我价值、体现学识修养与品位已成为现代人的一种生活方式。由此，服饰时尚异彩纷呈，千人一面的时代已一去不返。

现代流行时尚，大多通过各种不同品类的服装或配饰构成不同主题的系列并产生分流。以某个品牌的一季产品为例：同样流行的外衣和内衣就可能在一个主题下分出多种风格，也可能外衣的传播速度快些、范围大些而内衣的缓些、窄些。还可能是同系列或不同系列的各种外衣、内衣、针织装等共同构成流行。这种由于不同消费需求所导致的，在一个流行阶段或其中某一时段，同时或不同时地展开着的另一类、另几类流行被称为成衣流行的分类与同步规律，体现现代人衣生活需求的多样化特征（见图2—10）。

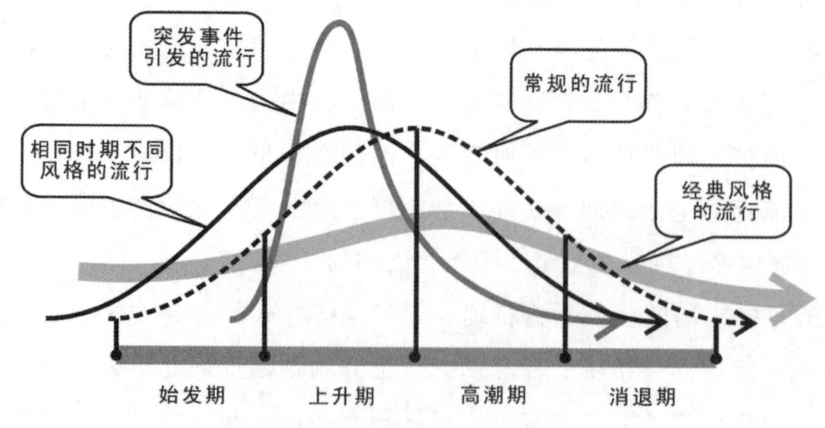

图2—10　服装流行的分类与同步规律

3. 上升性规律

纵观服装史，流行进程呈螺旋形上升趋势。以古代服饰为例，先秦的宽袍大袖到隋朝和唐初时转向小衣窄袖，晚唐时又出现了宽袍大袖，直至明清再次出现小衣窄袖。古代欧洲服装从紧衣大摆发展到直鞘衣，再发展为紧衣大摆，这是一种貌似反复的轮回，因每次都加入了时代的印痕。其中，表现的主要形式就是服饰变化的元素，正所谓看似相同实质不同。再如，20世纪90年代开始流行的窄肩窄身的修长线形，貌似20世纪50年代造型的回归，但通过比较不难发现其中的区别，根本的一点在于两个年代人的生存状态、精神面貌和着装观念、方式所影响的外形气质是完全不同的，这就是新元素加入的结果。同样，2000年重新开始流行的嬉皮风格与20世纪60年代流行的嬉皮风格也存在着质的区别。可以说，回归只是一种假想的轮回，是一种流行的意念和愿望在成衣设计概念中的体现，因为谁也不可能真正回到从前，求新和发展才是唯一的目的（见图2—11）。

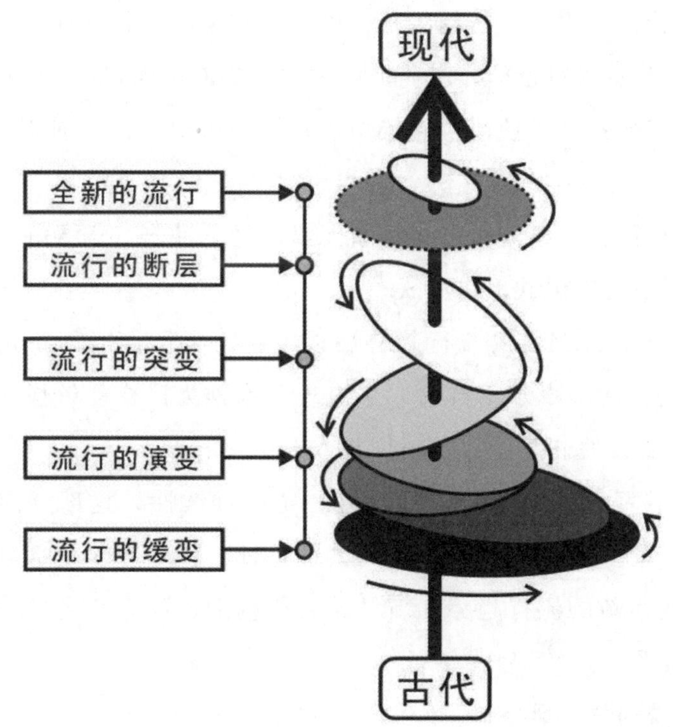

图2—11 服装流行的上升性规律

三、流行趋势与服装品牌的总体风格

流行趋势是指一定时期、一定数量的人，受某种意识的驱使，以模仿为媒介而即将普遍采用某种生活行为、生活方式或观念意识时所形成社会现象的趋向。

1. 流行趋势及其特征

流行趋势一般经历四个周期：

（1）始发期：流行趋势的倡导者在流行的始发阶段即采用了新的款式。

（2）上升期：时装领袖和早期的追随者会在流行兴起的阶段介入。

（3）高潮期：被大众市场的消费者采用的时机则是在流行的高潮阶段。

（4）消退期：晚期的流行追随者往往在消退阶段才会接受。

从流行规律来看，流行从新奇开始，以厌倦结束，“喜新厌旧”是流行趋势的总体特征。因此，流行趋势从机构预测、引导系列主题的信息推广开始，到一个流行趋势的系列主题出现渐行终结，整个过程就是服装和时尚类产业机构为了推动消费而根据人们的服装心理需求特征设定的消费指南，按照流行趋势的过程与传播可分为5个基本特征：

1）趋向性特征：服装流行趋势是一种尚未实现的流行动向，是一种面对目标消费群的，甚至是量身打造的，产业推广式的服装消费规划。

2）创新性特征：为了使流行趋势由规划转变为现实，“创新”从来就是应对消费者能否快速接受的推广载体。

3）引导性特征：彰显流行趋势创新元素的视觉冲击，引导并激发着目标消费群产生新奇又强烈的模仿欲、购买欲。

4）从众性特征：服装的流行趋势虽以创新为特征，但创新元素往往来源于资讯的收集，是将诸多卓尔不群的非主流现象助推为民众能够快速随从的主流现象，“创新”于此才真正显示了价值。

5）可替代特征：流行趋势前后具有一定的延续性，这部分内容被称为“经典”，“经典”的实质在于审美感觉的共性特征，正是有了这部分内容，才使可变的部分很快成为新的流行趋势，新一轮由机构助推的系列主题和元素得到目标消费群的欣然接受。

2. 服装品牌的总体风格

服装品牌的总体风格是指定位于某个目标消费群的服装品牌及其主流产品所呈现的整体形象和个性特征。

服装品牌的总体风格由目标市场定位和企业的品牌理念共同决定，是品牌在不断发展、积淀过程中形成的，服装品牌的总体风格具有以下两大特点：

（1）基本稳定、延续经典的特点。服装品牌的总体风格必须基本稳定，只有稳定的风格才能得到稳定的市场，虽然时尚不断流转，但是唯有经典才会永恒。

“CHANEL”是加布里埃·夏奈尔（Gabrielle Chanel）于1913年在法国巴黎创立的品牌，1914年，夏奈尔开设了两家时装店，标志着“CHANEL”品牌正式进入高级订制服（Haute Couture）的领域。夏奈尔敏锐地感觉到那些烦琐并束缚人体的服装终将与工业社会的生活方式分道扬镳，因此，品牌创设一开始就明确以“优雅、简洁、崇尚自由”作为夏奈尔品牌的总体风格和产品设计理念，其后近百年间，虽然时尚潮流不断流转变换，虽然“CHANEL”品牌也曾经不止一次遭遇到时过境迁的寂寞与无奈，但是，坚守自己固有的总体风格终归使“CHANEL”品牌成为“高雅、简洁、精美”的代名词，至今仍然屹立在高级奢侈品品牌的巅峰。

（2）适应时代、不断充实的特点。如果说顶级奢侈品品牌对其风格的坚守是一种市场机会和时尚潮流的主动，那么，对很多中小品牌而言又是如何去适应时代，在市场中获得一席之地呢？服装品牌的总体风格虽然是稳定的、经典的，但同时也是不断发展、充实的，对消费者来说，服装品牌的风格以产品为载体呈现，只要在不同品类产品的造型设计中通过采集重构的方式不同程度地呈现流行元素，则将极大地提升品牌的时尚感觉。因此，在这个意义上，服装品牌总体风格的稳定与发展是对立统一的整体，风格的发展变化是对经典的发展，是稳定中的变化；发展和变化只是品牌总体风格适应时代，不断充实、积淀的种种形式。

3. 服装流行元素的采集与重构

收集富含流行元素的图片，用类似九宫格的形式将其分解成色、形、质的各种元素，然后按比例重新组构，这种采集重构的方法被广泛应用于新品牌风格的创设或服装产品的衍生设计中。在日常服装的设计中，采集重构通常以国际或国内权威研究机构发布的流行趋势信息为参照，对其中所蕴涵的本季流行的外形线风格、结构分割、细节重点、配件装饰、流行色彩进行具体解读，设计出符合流行时尚的服装产品（见图2—12）。

图2—12　服装流行元素的采集与重构

四、流行主题与服装品牌的（季节）主题风格

流行主题是一种主导流行趋势和某个流行方向的信息情报，通常用意境图片和概括性的语言文字加以表述，是对流行信息内容的一种解析说明。

1. 流行主题的抽象化与具体化

流行趋势通常是按照服装的类别如男装、女装、童装、饰品等分类推出的，大多由专业的机构从事某个专业类别流行趋势的预测和推广，不仅有国际性的行业协会推出此类的流行资讯，很多私营调查咨询机构也以此为商机，从事流行趋势的资讯业务。“20××—20××年秋冬服装流行趋势主题预测”案例可以明确体现一个流行主题下分多个色彩系列方向的典型特征。

流行主题的文字部分通常体现抽象的灵感，并显示流行趋向性。流行主题的具体表现在于意境图，意境图中造型、色彩、线条、肌理都是通过图形元素进行图解来体现的。因此，流行主题中抽象的文字和具体的图形共同构成了流行趋势的主题预测的发布内容。

2. 服装流行趋势主题预测实例模拟

20××—20××年秋冬服装流行趋势主题预测

总主题：冥想无疆

从历史的脉络中探索，重新编纂出一门能体现各种时代风格的简洁美学。20世纪的现代文化运动汲取了“垮掉的一代”的颓废派诗句、钟情科幻的魔法一族以及老酒吧内乐队的幻影式的灵感，把事实概念诠释成经典时装及高尚文化美学。此外，“甲壳虫”乐队的音乐更奏出了一抹彻底的颓废感。

工业化生活方式及生存空间促进了冥想无疆风格的抑郁和神经质，一种与众不同的甲壳虫、猫王的幻影模仿秀崭露头角。腐蚀的标本及光鲜的网鞋将成为设计灵感源，打造出以细致用料精心手制的耐用单品。后期印象派及后现代艺术也以阴暗色调及简约造型加以发挥（见图2—13）。

图2—13　冥想无疆

多种的绘画工具将定义20××年秋冬的图案主题及进行色彩处理。抽象的图解将把对青春与活力的讴歌注入主题，而色彩则充斥于冥想与幻影间，极其主观地散入各个主题并交相融合。肌理则是其中的关键元素，面料包括柔软的蕾丝、光滑的塔夫，以及厚重的羊毛针织。

主题一，游荡在自我与矫情之间

诞生于20世纪60年代早期的甲壳虫乐队，激发了现代青年文化的叛逆和反传统的欲望。黑、灰、蓝、白等一系列冷酷色调，表现着时髦考究的雅皮摩登青年引领的自我和矫情，彰显着主观和冷漠（见图2—14）。

图2—14　游荡在自我与矫情之间

主题二，装扮老贵族

第二次世界大战后“垮掉的一代”伴随着清新的简约和低调的奢华，张扬着高贵的穷相，在装扮的随意中显露着老贵族的血统。同时成功融合年轻、欢乐、古典的巴黎成为这种别具一格装扮的最理想的场所，黑色与亮皮质大量充斥各个地方（见图2—15）。

图2—15　装扮老贵族

主题三，幻觉丹宁意象

一种幻觉意象感知为强劲之美。再次将工人、工装和丹宁紧紧结合在一起，强劲的实用主义风格，充满汗渍的肉体，装满旧金属与灰暗木材的旧楼将提升性感和复古的魅力（见图2—16）。幻影式泡沫变体建筑和臆想中的歌手归来将情知与触感在装饰的体面中获得新生，蓝色系列显然营造了这种实用的装扮。

图2—16　幻觉丹宁意象

主题四，锈蚀的乡村

贵族传承的谦虚和血统中的谨慎为沉着冷静提供了素养。当实用主义的简朴赋予知性的曙光，则为时尚与传承提供了交融，而所有现代元素似乎都埋藏在乡村宅院的锈蚀里，蹇尚的色块、幽灵般的女模、苹果树下的现代版男士无不在柔和静穆中享受着弹性裁剪所持久的性感吸引力和简洁风范（见图2—17）。

图2—17　锈蚀的乡村

课后练习

1. 按照服装品牌风格的基本类型，收集分别与之相对应的服装品牌1～2个，并组织一次分组图文信息收集交流活动，每位同学安排8 min的表述时间。

2. 服装流行元素的采集与重构练习。

3. 根据我国最新流行趋势中的流行主题设计一组服装产品（3～5款）。

4. 模拟设计一套服装流行趋势预测方案。

第三章　服装品牌的产品设定

学习目标：

1.了解服装产品的造型诸要素、品牌服装产品的号型与工艺及市场定位、服装产品包装的基本内容

2.掌握品牌服装的款式设计、色彩的搭配和面料的选取方法

3.掌握品牌服装产品的号型设定、市场定位与工艺标准，全面认识服装产品包装的功能、作用以及包装与品牌形象之间的重要关系

服装品牌策划工作中最重要的任务就是对产品进行设定，从服装造型诸要素的选取和表达到产品号型的设定与工艺标准的设定，乃至服装产品的包装，其设定工作基本涵盖品牌服装产品设计的总体流程。

第一节　服装产品的造型要素

从现代服装产品的设计程序上讲，明确的商品企划案是品牌服装在产品设定上的依据和前提。它决定着新一季商品的设计主题，规划着整个生产过程中关于时间、资金、设备、人员和生产销售程序的安排，主导着本品牌商品线的构成方式（品类及其组合模式）的面料选择、款型特征、色彩基调、广告策划的方式。

一、服装的款式

服装的款式是指服装的式样，是集中服装形态特征的总因素，是服装造型首选要素之一。服装的款式包括服装的廓形、服装的结构和服装的细节三个方面。

1. 服装的廓型

服装的廓型也称为服装的外形线或轮廓线。是给人以深刻视觉印象的服装外

部边界线。服装的廓型，可谓是人们服装自然选择过程的文化结晶。经过数千年的演变和积淀，在现代服装领域，最常见且带有典型特征的廓型，可以归纳成以下七种：

（1）苗条线形。以强调女性的三个自然围度为主要特征（见图3—1a）。

（2）美人鱼线形。上半身至大腿中部贴体，裙摆先收紧后再张开（见图3—1b）。

（3）“A”线形。以收紧肩部、胸围，略收腰部，展开下摆为特征（见图3—1c）。

a) 苗条线形　b) 美人鱼线形　c)“A”线形

图3—1　服装的外轮廓线型

（4）“H”线形。呈直线造型，视觉上给人一种较为宽松的感觉（见图3—2a）。

（5）“O”线形。肩部自然，侧缝线呈向外膨胀的曲线，腰部宽松，衣服下摆收紧（见图3—2b）。

（6）“T”线形。肩部加宽，胸、腰部宽松，下摆收紧，呈现出倒三角形状（见图3—2c）。

（7）“X”线形。以夸张肩部、突出胸围、收紧腰部、扩展下摆为特征（见图3—2d）。

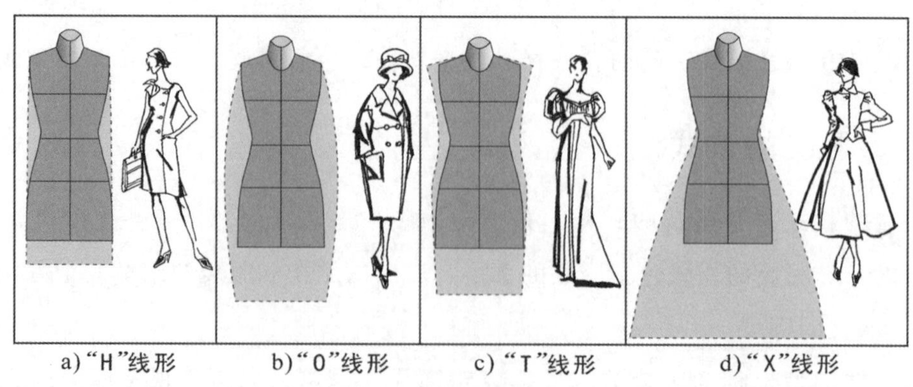

a)“H”线形　b)“O”线形　c)“T”线形　d)“X”线形

图3—2　服装的外轮廓线型

2. 服装的结构

服装的结构与廓型存在相互依存的关系。合身的廓型必须选择合身的结构；而宽松的结构则决定了廓型的宽松。服装的结构大体上由因余缺处理而产生并衍生的三种方式构成。一般认为，服装的结构以下列三类线条为典型特征：

（1）省道线。省道线是服装结构线的一种最基本的表现形式，一般以直线形为主，曲线形为辅。省道线由不同采取方向、不同采取部位、不同采取形式构成。常见的省道有胸省、腰省、肩省、背省、腋下省、领省等（见图3—3）。

图3—3　服装的省道线

（2）剪切线。也称为分割线。一种剪切线是依据省道转移（余缺处理）的方式转化而来，俗称为“连省成缝”。另一种属于纯粹的装饰性剪切线。即不用考虑立体结构处理中余缺量的转化，只注重单纯的形式分割，多用于不同面料的镶嵌拼合。当然也有二者兼顾的。根据剪切形式可分为垂直分割、水平分割、斜线分割、弧线分割、非对称分割、变化分割等（见图3—4）。

图3—4　服装的剪切线

（3）褶形线。褶形是服装设计中最优美、最浪漫、最灵活的表现形式，外观极富于立体感，常给人以自然、奔放、飘逸的印象，在服装造型和局部设计中运用十分广泛。褶具有宽松、温和的特性，不同于省道线和剪切线那样具有明显的确定性。根据褶形的形式一般可分为褶裥、碎褶、自然褶等；根据性质又可以分为功能褶、装饰褶等（见图3—5）。

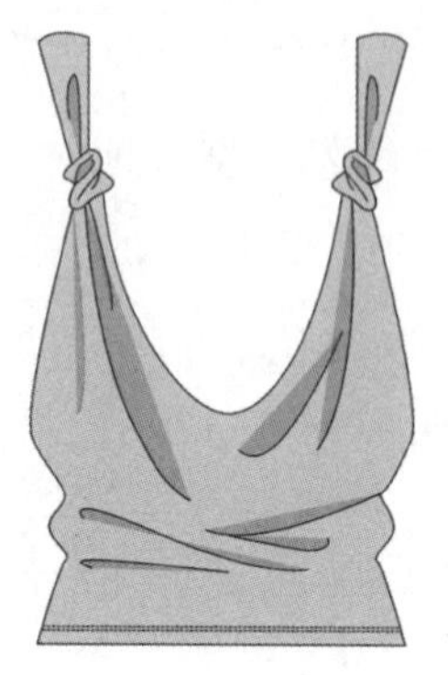
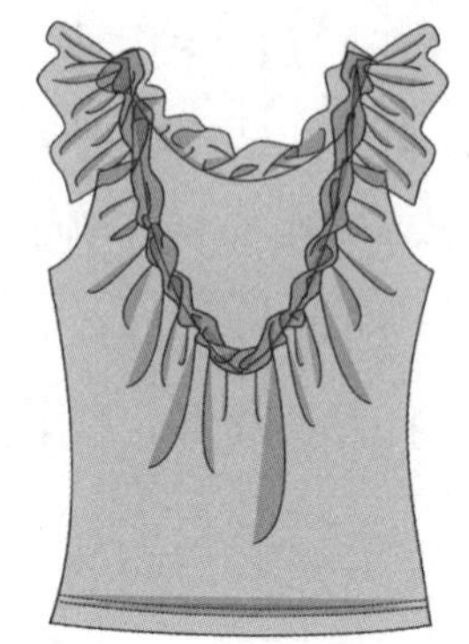
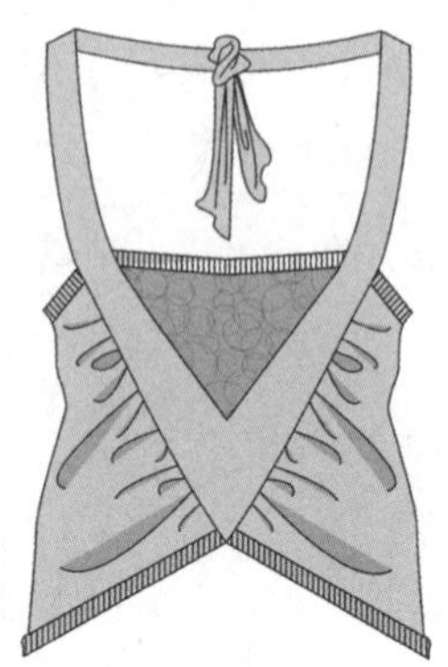

图3—5　服装的褶形线

3．服装的细节

服装的细节是指相对于服装整体而言具体的、特定的部位，它包括领的形状、袖的形状、腰身曲度、门襟样式、袖口装饰、底摆宽窄、材质肌理、图案布局、配件位置、褶皱形式、吊带或抽带等诸多方面。

服装的细节设计在成衣商品中是至关重要的，就日常服装而言，廓型设计可以相对稳定，总体结构处理可以沿用不变，但在细节处理上却必须具备本品牌新一季产品的“新”的个性特征。只有细节处理得精彩，产品风格才能历久弥新。由于服装的细节常常被品牌服装商品的企划者称为“卖点”而倍加重视，因此，细节在流行成衣商品上的表现形式，理应成为整装造型上最能体现时尚个性和品牌风格的引人注目的“亮点”，特别是领子的造型设计、袖子的造型设计和口袋的造型设计尤其突出（见图3—6至图3—8）。

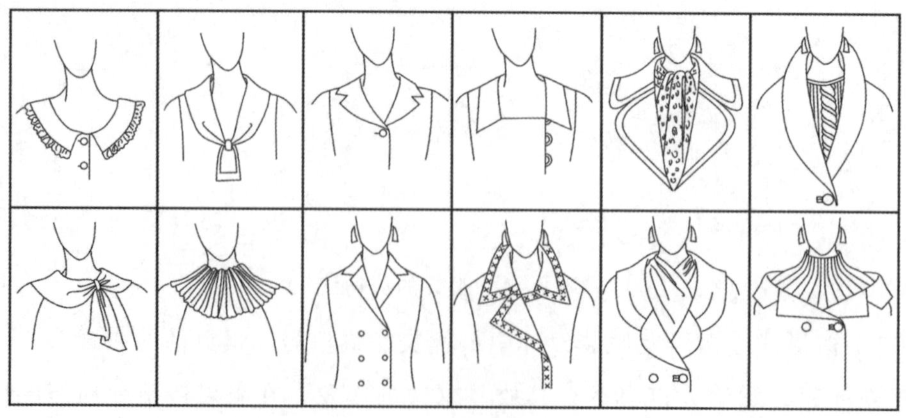

图3—6　领子的造型设计

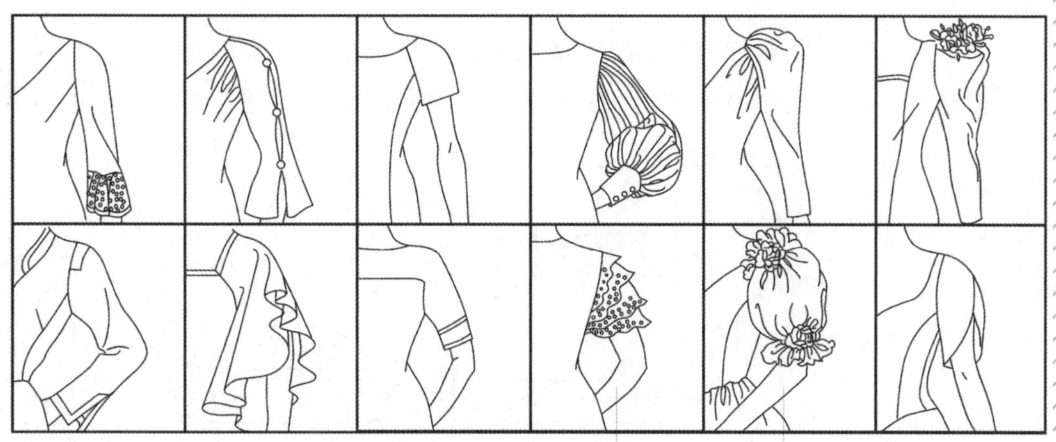

图3—7　袖子的造型设计

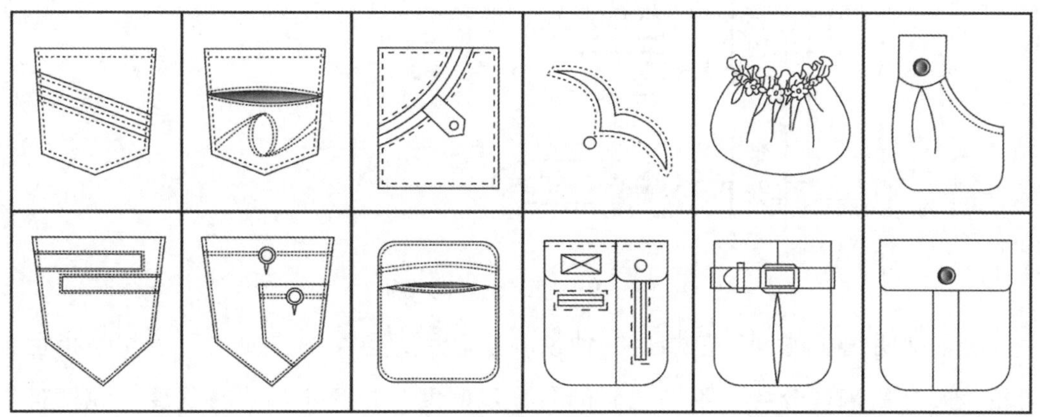

图3—8　口袋的造型设计

服装的细节按视觉次序和流行趋势可以分出主次。一般情况下，整装的前身上部，如领部、胸部作为视觉的心理中心，常常被服装细节所占据；前身中部、下部，如腰部、臀部、底摆部等则应根据品牌服装定位的消费群以及流行趋势而定。

同样地，后身上部是仅次于前身上部的重点部位，在设计上的发挥余地通常也要大于后身中部和下部。

二、服装的色彩

众所周知，服装由色彩、材料和款式三大类元素共同构成，三者缺一不可。俗话说，“远观色，近看花”。人类视觉对物体的第一感觉就是色彩，而且色彩也是完善成衣产品的个性及风格的重要途径。

1．色彩常识

色彩一般分为有彩色、无彩色以及独立色三大类别。有彩色除了纯色系列之外，清色、暗色、浊色等色彩也包括在内；无彩色是黑色、灰色系、白色；而独立色则是包括金色、银色在内的颜色（见图3—9）。

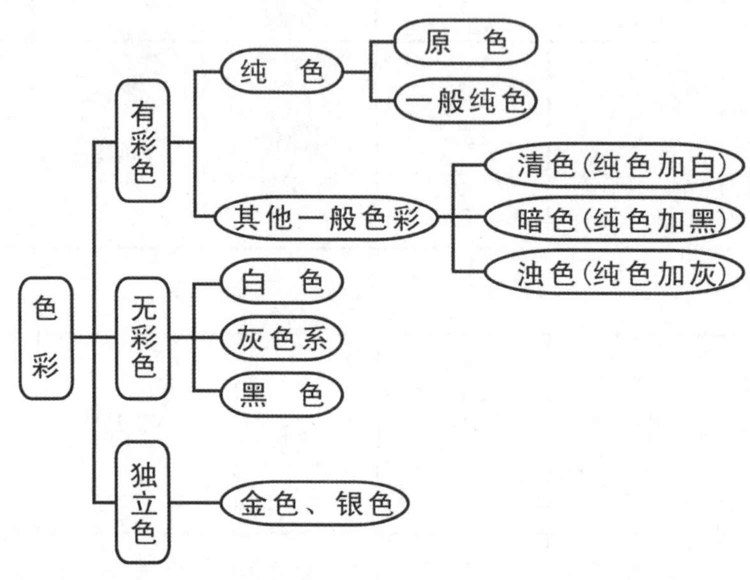

图3—9 服装色彩的类别

通常把明度、纯度、色相这三种色彩性质称为色彩的三属性。色相是指色彩的相貌，是用来区分各种不同色彩的名称。明度是指色彩的明暗程度。纯度是指色彩的鲜浊、饱和及纯净程度。

色调虽然不属于色彩的属性，但是由于一般服饰色彩大多以系列的形式出现，所以在成衣总体设计中对颜色进行分组时，都会用到“色调”这个概念。色调就是一组颜色在一起整体地呈现出共同的色彩基调。

品牌服装在色彩的处理上通常会根据品牌自身的风格定位确立与之相吻合的色彩基调。这是确立一个品牌主符号系统的重要步骤。其作用是，能在较短时期内完成该品牌的市场认知，并建立起符合差异性消费的品牌形象。因此，色彩作为塑造品牌风格和个性形象的有效手段几乎被所有的品牌策划者运用着。

2．基本色和流行色

服装的配色设计复杂多变，尽管从理论上看是属于好的配色方案，但实际运用到成衣上，有时却达不到预想的效果，甚至会十分丑陋。原因在于，成衣的色彩效果是在面料性能以及表面肌理所营造的个性风格之上体现出来的，如果在成衣配色时脱离了面料这一可变因素，配色方案就很可能是纸上谈兵。在商品企划过程中，多数品牌会将色彩分为基本色系和流行色系两大类。

基本色系是指能体现本品牌一贯风格的色彩基调。如CHANAL（夏奈尔）品牌的黑、白、粉、红、蓝等基本色。基本色系是商品企划在成衣总体设计中相对稳定的部分，是针对本品牌定位消费人群的审美倾向而做的色彩界定，是区别于其他品牌的主要识别符号之一，是体现本品牌独特的个性魅力、风格形象的有效途径。基本色系一般由两大因素促成：其一，基本色系的确定与本品牌定位人群的衣生活消费习惯、审美方式中关于色彩选择行为相符合。其二，基本色系的确定与本品牌定位人群所对应的着装形态、着装方式相符合。

流行色系又可称为流行主题色系。是品牌商品的企划者根据流行趋势适时推出的，符合本品牌风格以及为人们广泛认同的色彩系列。在着装越来越个性化的今天，流行色早已不再局限于单纯的一两种色彩，而是以主题色系的形式出现的一组或多组色彩。以便于各种不同风格的品牌通过选择，重构出自己的流行主题色系。根据流行现象的同步与分流规律（在同一时期存在不同的流行潮流与同一流行潮流在不同时期、不同人群中的变异和转化），成衣流行色系即使在同一（共性的）流行趋势下，仍然应具备体现不同品牌（品类）成衣色彩倾向的分流（个性的）特征。为此，在追求个性化的今天，以色系的方式阐释流行色是消费需求多样化的必然结果，而这也给不同品牌风格的存在提供了个性空间。

3. 服装色彩的搭配方法

成衣的色彩设计俗称色彩搭配或配色。要进行成衣的色彩设计，首先应掌握色彩搭配的有关规律，并将配色规律灵活运用到具体成衣的色彩设计中。根据色彩的明度、纯度和色相的相关法则进行色彩搭配是色彩设计中的常用方法。

（1）明度配色设计法。成衣色彩设计中，利用不同明度的色彩进行色彩搭配、组合的一种方法称为色彩的明度配色设计法。明度配色一般可以归纳为高、中、低三个明度调子共六个类别的配色方案的组合色调，分别是高长调、高短调，中长调、中短调，低长调、低短调（见图3—10）。

1）高明度配色设计：高明度配色包括高长调与高短调两种方法。以高明度色为主与低明度辅助色之间的搭配称为高长调配色法；以一种高明度为主与其他高明度辅助色进行搭配称为高短调配色法。高长调配色对比强烈、明快而富于动感，是运动装常用的配色方法；高短调配色柔和清爽、细腻雅洁，是童装首选的配色方案。

2）中明度配色设计：中明度配色包括中长调与中短调两种方法。以中明度色为主与低明度或高明度辅助色之间的搭配称为中长调配色法；以一种中明度为主与其他中明度或邻近的辅助色进行搭配称为中短调配色法。中长调配色沉稳优雅，活泼却不张扬，是广泛用于日常成衣的配色方法；中短调的配色表现为内敛含蓄、凝重端庄、依稀朦胧的特点，是男装和中老年装常用的配色手法。

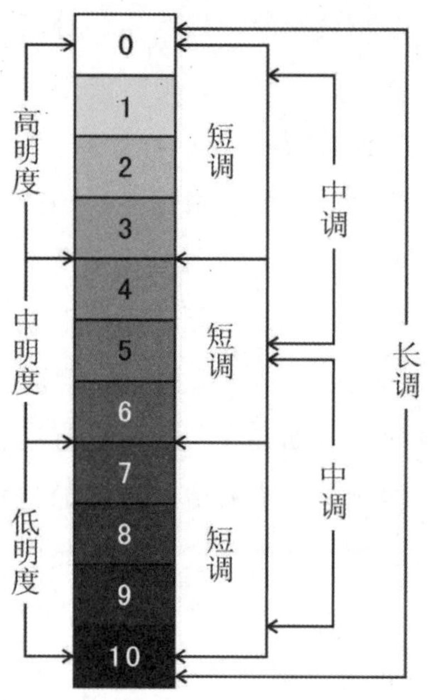

图3—10　明度配色设计

3）低明度配色设计：低明度配色包括低长调与低短调两种方法。以低明度色为主与高明度辅助色之间的搭配称为低长调配色法；以一种低明度色为主与其他低明度辅助色进行搭配称为低短调配色法。低长调配色反差强烈，庄重有力，格调高雅，广泛用于各年龄阶层和各类别成衣、时装的配色；低短调的配色娴静而深沉、另类略带怪异，也有悲切忧郁的感觉，常用于秋冬季服装或夏季另类时尚服装的配色。

（2）纯度配色设计法。色彩纯度色阶高低是以某种色相所含同等明度的灰色所产生的色彩饱和度的差异决定的，是色彩的一种鲜艳到灰浊的阶度变化。色彩的纯度可以分为高纯度、中纯度和低纯度三类。在成衣色彩设计中，利用不同纯度进行色彩搭配和组合的方法被称为色彩的纯度配色设计。其中包括高差色、中差色、低差色三种方式（见图3—11）。

1）高差色配色设计：高差色配色设计可以分为高纯度和低纯度、高纯度和无彩色两种搭配方法。高纯度和低纯度搭配的色彩表现力很强，既能表现华丽刺激，也能表现质朴沉静；高纯度与无彩色的搭配更是成衣色彩设计中的常用手法，那些高纯度的有彩色在无彩的调和与衬托下表现得更加神采奕奕，不温不火。

2）中差色配色设计：中差色配色设计可以分为高纯度和中纯度、中纯度与低纯度两种搭配方法。高纯度和中纯度色彩搭配容易协调统一，但要在把握好色相和纯度级差的同时注意明度级差，级差过小则容易糊、腻、黏而导致色彩缺乏层次；中纯度与无彩色的搭配朴素而灰暗，含蓄而又温文尔雅。但冷色调的此类搭配则显得缺乏活力，一般搭配时要注意增加明度级差或适当扩大无彩色的面积以加强对比，从而体现出张弛有度、秀外慧中的含蓄之美。

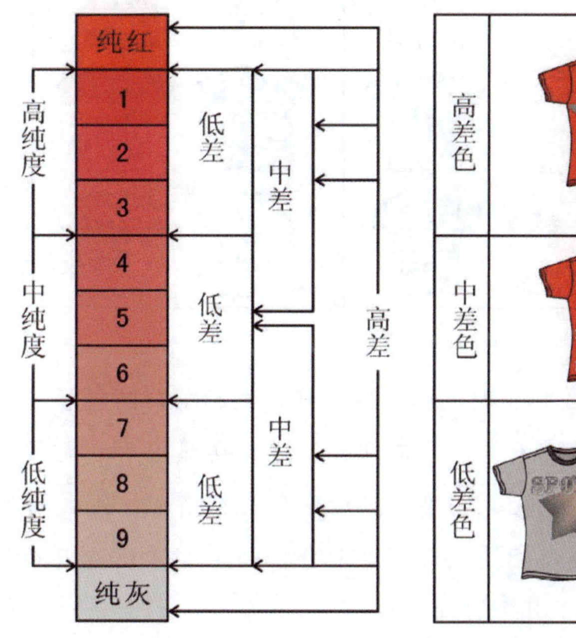

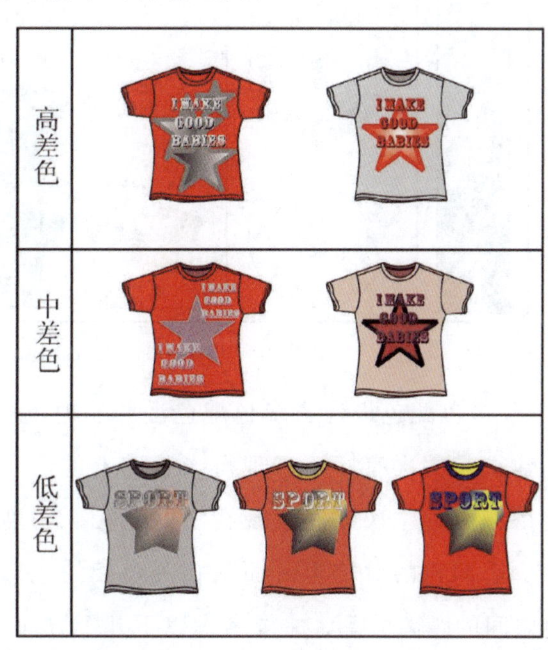

图3—11 纯度配色设计

3）低差色配色设计：低差色配色设计可以分为高纯度与高纯度、中纯度与中纯度、低纯度与低纯度三种搭配方法。高纯度与高纯度的色彩搭配由于色相各异，所以对比强烈，艳丽夺目；中纯度与中纯度的色彩搭配和谐温柔，稳重端庄；低纯度与低纯度的色彩搭配含蓄内向、优雅沉静，但也平淡乏味，缺乏生机，因此，如果适当加大明度级差，则立即使人产生静中有动的开朗感觉。

（3）色相配色设计法。色相配色设计可以分为单一配色法和多色配色法。成衣设计中选择的单色配色是一种应用广泛、简单而又实用的方法。但从成衣色彩的整体设计上看，丰富多彩的服饰色彩形象则更多是依靠多色配色法来塑造的。多色配色首先以明度和纯度变化为基本条件，以色相变化的程度和趋向为中心而展开（见图3—12）。

1）单一配色设计：单一配色法中又可以分为单一无彩色和单一有彩色两种。特点为单纯、明朗、简洁、纯净，但也有刻板和单调之感。

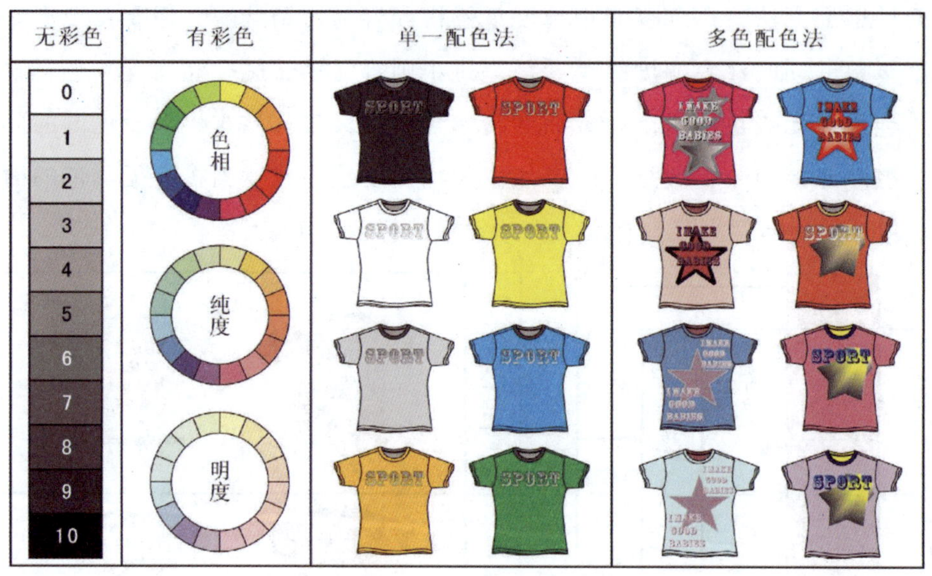

图3—12　色相配色设计

2）多色配色设计：多色配色法并非说色彩越多越好，五彩缤纷的色彩之美往往是建立在主次有序、条理得当基础上的恰当搭配，反之只会显得杂乱无章。在多色搭配中，主次有序表现在不同色相、明度、纯度的色彩在搭配之间大面积的统一、小面积的对比上。而从相关色相的色彩原理上分析则主要涉及色相环中色与色之间的距离关系，主要考虑以下几个方面：

①邻近色搭配：通常把色相环上30°内的色彩称为邻近色。邻近色搭配是色差很小的配色，由于它容易产生协调和统一而被广泛运用，但邻近色如果过于接近，也容易产生模糊和乏味的感觉。

②类似色配色设计：色相环上30°～60°之间的色彩搭配称为类似色配色。成衣色彩设计中运用类似色搭配，比邻近色搭配增强对比幅度，色彩之间产生一种弱对比效果，使人感觉雅致、清爽、明快，如果同时运用并发挥明度和纯度对色相的调节作用进行类似色相的搭配，效果更加显著。

③中差色配色设计：色相环上处于90°左右的色彩之间的搭配称为中差色配色。这种配色效果更加体现出色彩的对比力度，成衣色彩设计中，中差色相搭配具有热情、饱满、活泼的特点，但应适度控制色彩的明度和纯度，以免过度花哨和杂乱无章。

④对比色与补色配色设计：色相环上120°～150°之间的色彩称为对比色；180°的色彩称为补色。对比色与补色的特点是色彩对比强烈、刺激、跳动、华丽和不安定。对比色是基本对立的色彩，而补色是完全对立的色彩，对比色和补色之间搭配的和谐之美关键是要在主、辅色彩的面积和明度、纯度上有所控制，变相互排斥为相互衬托，使对立色彩的个性在相互映衬下更加鲜明。

三、服装的面料

服装产品设计的首要步骤是对材料美的感性认识，而面料的特性决定着服装的造型风格和品类归属。这种观点从服装产品设计的实际操作过程来看，确实不无道理。面料作为服装美的重要载体，在设计中占据着重要位置。面料选定的工作不仅要满足造型美的要求，以体现本品牌新一季产品的时尚特质，而且须符合生产加工、成本核算、环境保护等诸多方面的限定条件，以期增强效率、降低成本、提高利润。在整体设计中面料选定的具体工作应着重考虑服装面料的审美性和服装面料的适用性这两个方面。

1. 服装面料的审美性

大部分的成衣面料是纺织产品，少部分为裘、皮、塑料制品以及金属等。在纺织面料中纤维的原料和性能以及它们的构成方式是形成面料风格的重要条件。丝的细腻、麻的粗犷、棉的质朴、毛的柔和，这些对不同面料一般属性和风格的审美评价均来自于人们普遍的主观感受。

成衣面料的表面肌理效果和面料的光泽度是最能影响配色的因素。一般来讲，粗糙的肌理多无光泽，它反映出的色彩效果是安详、柔和、温暖、朴素、原始的感觉；而精细的肌理多为有光泽，有的光泽度还十分高，它所反映出的色彩效果是积极的、华丽的、夸张的感觉；而透明的面料则反映出朦胧的、柔和的、含灰的色彩效果；密实的面料则反映出强烈的、饱和的色彩效果。柔软、坚硬、冷峻、温暖等由视知觉所感知的这些主观影像都是每一个设计师在选择面料的工作中必须关注和了解的（见图3—13、图3—14）。

图3—13 粗糙与光滑感觉的面料与服装

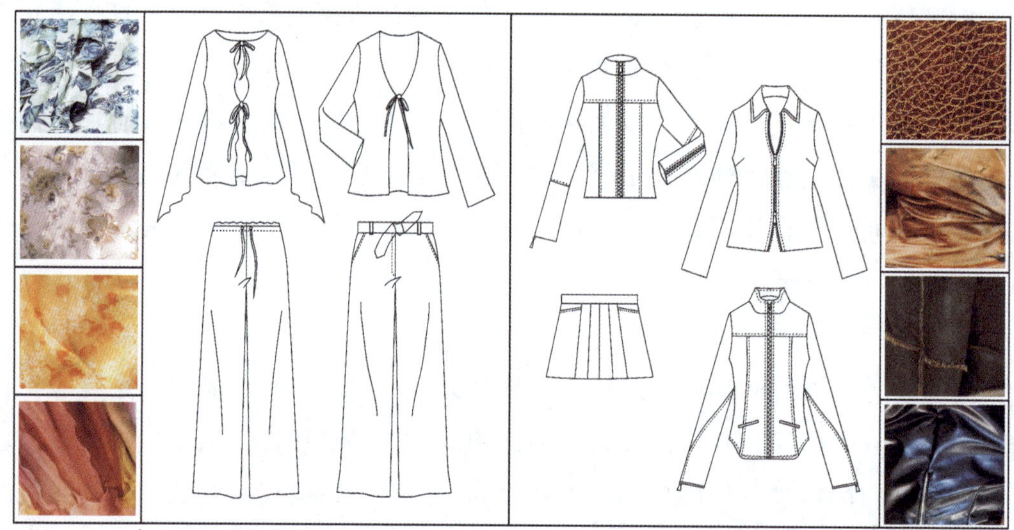

图3—14 柔软与坚硬感觉的面料与服装

品牌成衣是根据自身定位消费群的审美标准来选择面料的，不同品牌成衣的定位不同，审美标准也不同，这就决定选择面料时审美的着眼点必然有所差异，例如，一种很典型的少女装面料在夫人装的产品设计中是不会被认同的；即使同样属于夫人装，低档的大众化的面料是不可能被高档消费者接受的。由此可见，根据品牌定位人群设定的审美标准和选择面料的尺度，是品牌成衣在产品开发中开展这项工作的共性特征。

2．服装面料的适用性

面料的适用性设定条件，来自于对本品牌定位人群消费习惯和生活方式的分析，以及本品牌在新一季流行主题风格中的定位。原因涉及三个方面：

（1）面料的选择应考虑定位人群的生活方式。一般情况下，人的消费习惯通常受其生活方式的制约而不易改变，这些因素导致人们在面料风格、色彩基调、款式造型等方面存在一定的倾向性。选择适合人们生活方式和审美情趣的面料才能使产品适销对路。例如，某一定位于25～35岁职业型妇人装品牌，依据其定位人群的生活方式，设定选择色彩典雅、图案时尚、易于打理（如易洗、快干、免烫、不易变形等）的化纤面料和弹性好、垂感足、衬体形、柔和顺滑的化纤针织面料，以此来适应品牌目标消费群的生活方式。

（2）面料的适用性须对应着该品牌新一季的成衣主题，按照流行趋向、季节时令、品牌风格、消费习惯、穿着方式、搭配要求以及成衣的品类、用途等进行选择。

（3）选择适合的面料还须考虑到面料的成本比率（成本、价格）、物流因素（能否及时采购、供货、补货）、可塑品质（缝制、熨烫、缩率、弹性、里衬料配伍）等诸多方面的相关因素。

3．面料的感性评定

面料在成衣的审美性上扮演十分重要的角色，它是诱发设计师创作灵感的重要源泉之一，是从对面料的感性认识（面料的审美性）和理性评价（功能性和经济性）开始的。设计师按面料的特征考虑与此相适应的款式，并运用多种手法完善设计，考虑相应合理经济的成衣加工手法。设计师除了要对面料的材质特性与功能特点有足够的认识外，还要对面料所产生的审美性有深刻的理解。材质感的审美评价即是通过触觉与视觉来体会各种面料所具有的独特个性。手感的体验包括轻/重感、平滑/粗糙感、柔软/硬挺感、温暖/凉爽感、凹凸感等。通过视觉来传达的材质感则包括色彩、图案、组织纹理、光泽度、透明度等方面。设计师通过视觉与触觉的综合传递感受到材料所具有的独特个性，产生相应的联想并由此而拓展设计，尤其是在确定成衣整体风格时。

为了简单明确地归纳这些通过心理感觉、视觉以及触觉而得到的对面料的直观评定，不妨用对比的方式进行表述（见表3—1）。

表3—1 成衣面料的感性对比与评定

感觉的对比方式	感 觉	对应的面料
轻飘与厚重	轻 飘	丝绸绡类、乔其纱类等
	厚 重	天鹅绒、平绒、灯芯绒等
厚实与轻薄	厚 实	苏格兰呢、粗纺花呢等
	轻 薄	薄网纱、乔其纱等
柔软与坚硬	柔 软	东风纱、巴厘纱等
	坚 硬	皮革、帆布、卡其布、牛仔布等
温暖与凉爽	温 暖	拉毛绒、麦尔登呢、裘毛类
	凉 爽	真丝绸缎、皮革类等
华丽与朴素	华 丽	蕾丝、裘毛、丝绒类等
	朴 素	棉布、麻布类等
粗犷与细腻	粗 犷	粗麻布、磨毛皮、各类粗纺花呢等
	细 腻	塔夫绸、横贡缎等
平整与褶皱	平 整	细平布、电力纺、牛津布、府绸等
	褶 皱	双绉、泡泡纱、热定型绉布等
密实与蓬松	密 实	牛仔布、华达呢、卡其布等
	蓬 松	毛圈针织、磨毛织物、法兰绒等

第二节 服装产品的号型、工艺与市场定位

品牌服装的号型是根据目标消费群体体型的总体特征，经过优化选择而制定的，不同品牌产品对于号型系列、工艺标准的选择与市场定位有直接关系，而且当某一季节中的某个产品在营销策略中，如果担当的角色不同，其工艺标准也不一样。

一、服装产品的号型设定

品牌服装产品的号型设定随品牌的目标市场定位差异而有所不同。国家相关规定表明，在我国市场上销售的服装，必须按照我国的国家号型标准系列进行选择，并明确标注。

1. 服装号型的概念

服装号型是根据正常人体的规律和使用需要，优选出的最具有代表性的部位，经合理归并而设置的净体尺寸。

“号”是指高度，以厘米表示人体的身高，是设计服装长度的依据。

“型”是指围度，以厘米表示人体胸围或腰围，是设计服装围度的依据。

人体体形也属于“型”的范围，以胸腰的落差为依据把人体划分成Y、A、B、C四种体形。按四种体形定义，以数据形式分别表示出来（见表3—2）。

表3—2　男女体形分类与胸腰差量

体形分类代号	男子胸腰差量	女子胸腰差量
Y	17～22	14～24
A	12～16	14～18
B	7～11	9～13
C	2～6	4～8

按照国家“服装号型系列”标准规定，必须在服装上标明号型。表示方法是将“号”与“型”之间用斜线分开，后接体形分类代号。例如，男子号型170/88A，其中170表示身高为170 cm；88表示净体胸围为88 cm；体形分类代号“A”表示胸腰落差在12～16 cm之间。

分体型，按照人体尺寸数据的分布号型系列，号型系列以各体形的中间体为中心，向两边依次递增或递减组成。其中，身高以5 cm分档组成系列；胸围以4 cm分档组成系列；腰围以4 cm、2 cm分档组成系列。身高与胸围搭配组成适用于上装类的5·4号型系列；身高与腰围搭配组成适用于下装类的5·4号型系列或5·2号型系列。

2. 服装号型系列与标准化

服装号型系列是区域性人体体形的规律性的优选尺寸系列，具有人群覆盖面广的特征，服装号型为服装设计提供了科学依据，有利于工业化大批量成衣的生产和销售，中国1982年1月正式实施服装号型系列，并作为国家标准予以实施，要求进入服装市场销售的成衣必须标注服装号型。

服装号型是规范服装市场产品质量的标准之一，也是各个服装品牌设计服装规格的依据。作为国家标准的参考数据，具有界定区域人群体形和定位目标消费群的功能。在产品开发、生产、销售的一系列过程中，服装号型都有着明确的标注作用，例如，我国地域辽阔，南北方人群提醒差异较大，单纯用“S、M、L”表示“小号、中号、大号”的方法显然没有“170/88A、175/92A、180/96A”的标识方法明确和科学。因此，服装号型具有明确、规范地界定产品规格质量的标准化的特征。

3. 服装定位人群的号型设定

由于不同品牌所定位的消费人群存在差异，其对应选择的体形类别和采用的号型系列也不一样。例如，大多数少年装、淑女装品牌多选择“Y”形体；都市休闲装和运动装品牌则选用“A”形体；而商务休闲装、中老年装品牌则选用“B”形体甚至“C” 形体，并以号型系列为参照，进一步确定针对于品牌定位人群的服装规格。

服装规格是根据品牌所定位的号型系列和具体的服装款式造型进行的成衣尺寸的设计，实质是在服装号型（净体尺寸）基础上进行服装的放松量设计，由于加放松量不仅关系到服装的适穿性，而且关系到服装的造型与审美性，因此，从这个意义上讲，服装规格设计既是服装的功能设计，也是服装的造型与审美设计。

对合体服装的规格设计而言，服装号型几乎起着支配性的作用，越接近人体体形的服装，对人体体表形态的依赖性越强；而非常宽松的服装则往往游离于人体形态之外，作为人体的净体尺寸的服装号型其可制约性也随之要减弱很多。但无论怎样，以号型设定的长度、围度标准是每个品牌企业内部必然遵循的，而且每个公司或品牌均有一整套针对目标消费群体体形的约定俗成的服装尺寸收、放量法则。

二、服装产品的市场定位与工艺标准

品牌服装产品在不同的季节中，会因营销策略的不同而在市场销售中被定位为不同的角色，其目的是为了更好地掌控目标消费群体，吸引更多定位人群的加入，从而推动整个市场销售的发展。而工艺标准即是为担任不同角色的产品类别所制定的关乎产品成本的工艺质量标准。

1. 服装产品的市场定位

品牌服装产品的市场定位一般分为以下四类：

（1）长销产品类。指能够常规生产和销售的为目标消费群一贯认同的商品类别。这类商品以上装、裤子、女裙、毛衫等单品为主。可搭配性极强，在一贯风格中显现时尚。能使企划人员预见稳定的商品销售额，是保证目标消费群基本需求的重要品类。

（2）畅销产品类。指根据本季节流行主题，显现时尚潮流，而又符合本品牌定位的商品类别。这类商品通常在品牌定位下更加侧重时尚元素的作用，着意在款式、面料、色彩、图案、配饰、搭配方式等方面加以体现，以达成销售额的预期目标，由于是提供目标消费群时尚需求的商品类别，所以利润与风险一样大。

（3）形象产品类。指重点体现本品牌新一季流行主题的风格，突显时尚潮流，完整演绎品牌理念和独特个性精神的商品类别。一般情况下，此类商品目的在于品牌形象，定价虽高，利润却很小。但由于数量有限，风险也不大。因此，形象商品是一个品牌在目标消费群中直观而牢固地树立和保持良好形象、带动消费流向的产品类别。

（4）促销产品类。这类商品因品牌定位而有不同的企划方式。一般适用于产品量大、销售面广的中低档位的成衣品牌。市场上常见的休闲类、年轻化成衣品牌大多拥有这一类别。促销商品往往单价低，利润也不高，只能以数量取胜。但它不仅能充实卖场的商品数量，更能实实在在地提升卖场的人气，带动整个卖场的商品销售，形象地树立起本品牌商品“热卖中”的态势。但须注意的是，促销商品大多为单品或库存，一旦调价幅度过大或产品质量失控，则可能影响品牌形象。

2. 市场定位与工艺标准

（1）长销产品类。长销产品是支撑品牌市场产品销售的主力产品，由于产品经过不断修正和积累，产品工艺逐步稳定并成熟，工艺标准细致周密并能落实到位，所以，一般来说，长销产品要求造型经典，品质精湛。

（2）畅销产品类。畅销产品是追随流行时尚而推出的产品种类，工艺设计多不成熟，在生产过程中逐步完善也很常见，标准的制定和执行有可能滞后一些，但这些并不妨碍产品的销售，一切均在流行和时尚的风行下变得顺理成章。

（3）形象产品类。形象产品是创新工艺的典型形式。虽然尚未形成工艺标准，但这一产品类别对工艺的要求如同对设计一样重视，特别是那些符合流行时尚，能使观者赏心悦目、能使产品提升档次的工艺手法更是形象产品制造卖点的重要元素。

（4）促销产品类。促销产品是一类款式简单，价低量大的倾销类产品，一般工艺标准非常成熟，但重在落实。由于产品本身属于拉动消费的人气产品，工艺标准一旦执行不到位，就会影响品牌声誉。

3. 市场定位与产品的成本和价格

不同市场定位的服装产品有着不同的成本和价格，根据消费需求、成本核算、竞争策略等因素定价是一般品牌企业常用的方法。

首先，消费者的购买能力和消费习惯通常影响商品的价格设定。根据需求定价的法则，卖方应设定的是被买方认知、认同并接受的价位。反之，只要是消费者愿意接受的价格，也就是商品企划者应该设定的价格。

其次，可以根据成本加上相应的利润定出价格。

最后，在与竞争对手旗鼓相当的时候，价格必然成为可调节的重要砝码。或高或低可以根据竞争态势而定。定价方法多种多样，同时几种方法可以并用，但须说明的是，成衣价格由于不同定位消费群对商品价值的认知尺度不同，导致不同品牌的相同商品产生价格差异是很正常的。

第三节　服装产品的包装

服装产品的包装是服装品牌策略中的重要组成部分，是完美体现品牌形象和产品品质的信誉和美誉保障，某种程度上，包装的品质和形象几乎等同于产品的品质和品牌的形象。

一、服装产品包装的功能与作用

服装的包装起初只是为了保持服装产品的数量与质量的完整性，随着人们消费水平的提高，现在的服装包装已直接影响产品的价值与销路，因此，服装包装是品牌服装产品不可缺少的必要组成部分。

服装包装既包括产品内容物包装、储运箱盒包装，也包括展示品牌的推广性包装，也称终端包装。

1. 保护性

产品内容物包装主要作用是为了保护服装品质、是服装保洁、储运的保障。

这类包装材料上多采用OPP或CPP透明塑料制作，便于防水防污，这类包装上的印刷大都比较简单，而是重在保护物品的功能性。

2. 方便性

为了储运，服装用箱、盒包装就很方便数量清点和运输，一般采用瓦楞纸箱、木箱或塑料编织袋三种方式，便于运输和仓储，同时，瓦楞纸箱一类的包装具有一定的防水性，能够防潮防霉。这类包装很少装饰，主要反映内容物的基本信息。

3. 促销性

展示品牌的推广性包装也被称为终端包装，主要形式就是服饰用购物袋，最常见的包装材料有纸质、塑料、布料，包括吊卡袋、拉链袋（三封边）、手提式等常见形式，设计形式更是多种多样，这类包装具有强烈的促销特性。主要用于展示宣传品牌形象并便于客户携带。因此这类包装作为服装企业VI（视觉识别系统）的重要组成部分，通常设计上会充分突出品牌的形象和标志，并且从包装的材料、形式到印刷都非常精美。

二、服装产品的包装与品牌形象

服装产品的包装与服装的品质虽然没有直接关系，但服装的品牌形象却是通过包装这一重要载体表现出来的，因此，服装产品的包装对品牌形象的塑造有直接的关系。

1. 图案与色彩

服装产品包装的图案与色彩设计不只是一种装饰形式，更多的是品牌推广者运用视觉文化元素充实和丰富品牌内涵的手段，也是以此进行市场产品推广的重要途径。在市场竞争异常激烈的服装领域，大胆创意、运用各种体现品牌风格和流行趋向的图形并融入服装的包装设计中，既是迎合定位消费群体审美情感和需求心理的重要策略，也是市场产品推广和品牌文化宣传的客观需要。

图案与色彩是体现品牌内涵与消费情感的视觉语言，服装产品包装上的图案与色彩有着广告、宣传、促销的作用，是服装产品包装上品牌形象的重要载体，品牌的个性风格、产品的流行元素以及品牌的标志都是通过图案与色彩表现出来的。在包装图形设计中，构成形态的要素有点线，面体，商品包装图形创意是设计师针对具体商品形式及功能对包装画面视觉表现形式进行的构思与表现，用富有创意的视觉图形语言表现达到包装商品销售信息传播的目的，它是设计师对客观自然界的认识以及对生活体验的综合。

2. 材质与造型

纸质包装是服装产品包装的传统材质，也是最为常见的一种材质，随着科技的进步，各种新型材质不断进入服装包装领域，其中塑料和布料（包括无纺布）材质的包装使用越来越广泛。

服装产品包装的造型方面主要有盒、袋、箱三种形式，直接用于零售的包装主要是盒、袋两种。因此，造型方面既要考虑美观，也要考虑使用，更要根据品牌风格营造个性特色。

根据服装的包装习惯，服装包装有折叠式包装、悬挂式包装和卷筒式包装三种形式，折叠式包装多用于“T恤”“衬衫”“内衣”“毛衣”和休闲装，是最常见的产品呈现方式之一（见图3—15）；悬挂式包装多用于“西服”“西裤”“大衣”“旗袍”和“女套装”“礼服”等高档服装；卷筒式包装多用于“内衣”“牛仔裤”“围巾”“领带”等单品服装以及配饰品。

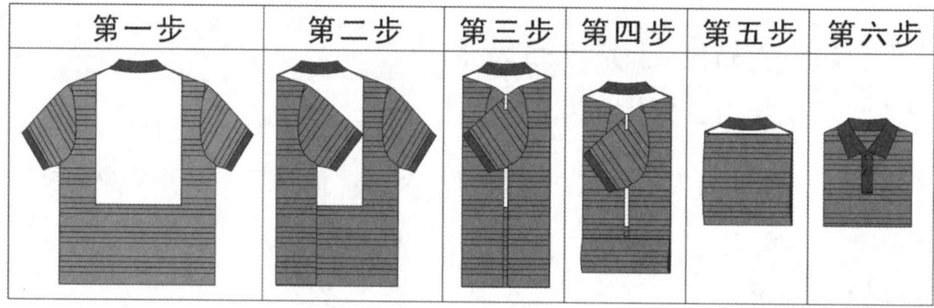

图3—15 服装折叠的步骤与方法

3. 风格化的特征

服装的包装是展现服装产品风格的重要途径，包装设计的风格化是服装品牌进行市场推广的有力举措（见图3—16）。

首先，风格是一个品牌服装特色造型和审美品位稳定体现和延续的载体，是品牌赖以生存和目标消费群为之倾心美誉的精神支柱。

其次，风格也是在流行时尚的动态中不断积淀、不断丰富的，每一次流行元素的融入都使品牌的风格在时代变迁中历久弥新，只要根本性的审美取向不变，虽经时尚流转，风格却能依然留存。

最后，风格的迁移（更新）甚至转向，对于小品牌而言，有时也不失为一种应对策略，毕竟追随时尚潮流，随时调整自己，寻找最适合品牌自身的市场突破口，永远是应对服装市场激烈竞争的必要手段，这一应对策略在产品包装上的呈现往往是彰显出更强烈的风格化特征。

图3—16　服装的包袋设计与风格

课后练习

1. 根据服装产品的造型诸要素设计一组服装产品，内容包括产品着装彩色效果图、产品款式图、结构细节图、选料配色说明等。

2. 制作一份服装产品的工艺单，内容包括号型系列设定、产品规格系列、缝制工艺说明等。

3. 设计一组服装产品的包装，内容包括包装盒、包装袋、包装箱等。

第四章　服装的品牌策划

学习目标：

1．了解服装品牌的运作机构、品牌的运作方案、服装市场的综合性调研与分析、服装品牌的命名与注册、服装品牌的风格定位与标志，以及服装产品构架的基本内容

2．掌握服装品牌策划的一般流程与方法

服装市场是一个竞争异常激烈的消费品市场，如何在瞬息万变的市场中获得相对稳定的份额是每个服装企业努力探求的途径，而品牌作为一种稳定的产品风格、品质及价值的标志，在服装消费的市场需求和生产供给之间架起了桥梁。根据企业资源，通过服装的品牌策划，以获得稳定的、最大化的市场份额就是其目标所在。

第一节　服装品牌的运作机构

服装品牌由企业组织专门的机构来负责计划和实施运作，运作品牌的机构可以分为主体机构和分支机构以及处理助销推广、合作赞助等活动的临时机构。

一、主体机构

服装品牌的主体机构是指实际操作、直接管理品牌运营的团队机构，是一种服装品牌的管理机构。主体机构可以是品牌拥有者领导组织的机构，也可以是由职业化的品牌管理团队负责组织的机构。服装品牌的主体机构一般设置成董事会制的机构形式（见图4—1）。

按照服装企业的经营模式，支撑服装品牌的企业有生产企业模式和贸易企业

模式两种。我国目前很多服装品牌建立在生产企业模式基础之上，特别是中小型女装品牌、男西服品牌。随着我国产业结构的调整和服装企业的优化升级，越来越多的品牌服装企业转换为贸易企业模式，将生产部合并到营销部门，产品由自产转为订单加工。合理的社会分工可以整合更多的社会资源，品牌机构也更能发挥专业化、集约化的管理效应。

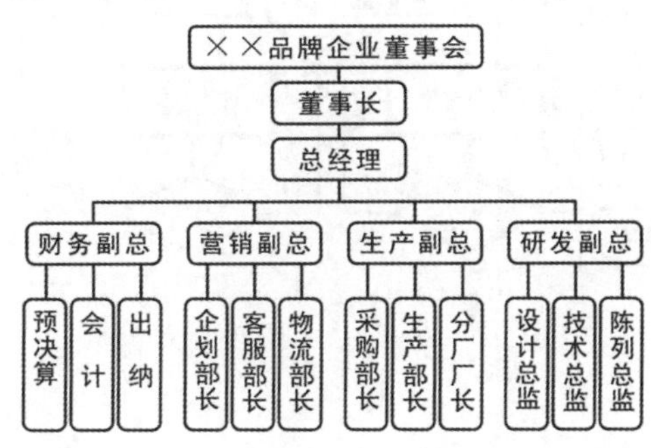

图4—1　服装品牌的主体机构

二、分支机构

分支机构是整体企业的一个组成部分，它在经营业务、经营方针等各方面都要受到公司总部不同程度的控制。分支机构可以分为内部机构（见图4—2）和驻外分支机构（见图4—3）。内部机构是品牌企业内部设置的各个分支部门机构；驻外分支机构是企业设置的常驻外部产品分销中心的区域性分支机构，对于授权品牌则为常驻外埠某区域的品牌授权管理机构，对于集团公司则为各下属分公司。

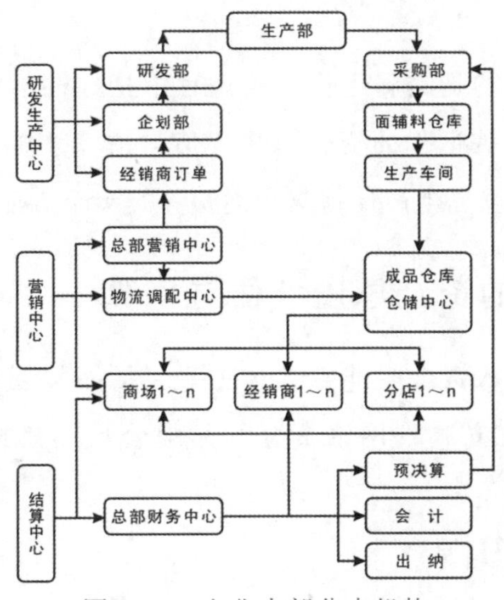

图4—2　企业内部分支机构

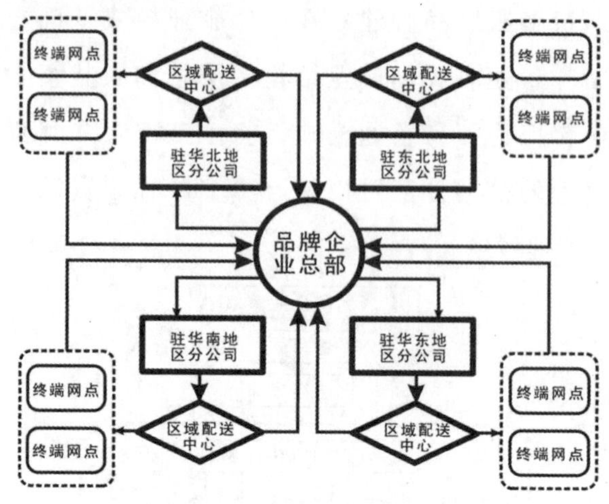

图4—3　品牌企业驻外分支机构

三、临时机构

品牌企业在业务拓展、市场推广过程中经常需要建立应对某个活动或项目的临时机构，如某某年春夏/秋冬品牌产品发布会、某某品牌冠名的明星演唱会、某某品牌冠名的国际时装节高层论坛、某某杯国际服装创意设计大赛等项目活动，对此，企业均需要设置专门的组委会、评委会等临时性机构来接洽处理相关事务。

第二节　服装品牌的运作方案

服装品牌的运作方案是品牌运作实施过程中指导性、纲领性的文件和预算及实施细则，主要包括品牌运作的资金总量评估与预算、单季产品的资金量预算、生产资源与生产能力预算、生产计划与货期预算等多个方面。

一、品牌运作的资金总量评估与预算

创设品牌的先期投入资金量非常大，主要包括品牌创设与推广资金、产品企划研发与生产资金、建立终端网络资金和品牌公司（机构团队）日常运营资金等。

1．品牌创设与推广资金

（1）品牌创设成本。品牌创设先期投入的直接成本有市场调研、企业注册、

人员招聘、品牌命名、品牌形象设计、商标注册、广告发布、场地租赁、设备购置、产品检测等成本。间接成本有上述系列工作过程中产品生产和服务难以形成直接量化关系的资源投入成本，主要包括固定资产折旧成本、管理费用、营销费用、设备修理费、机物料消耗、水电费、办公费以及停工损失等费用成本。

（2）品牌推广成本。品牌推广是指企业塑造自身及产品品牌形象，使广大消费者广泛认同的系列活动和过程。品牌推广是品牌树立、维护过程中的重要环节，它包括传播计划及执行、品牌跟踪与评估等。

品牌推广成本主要涉及广告投入费用，虽然随着科技的进步和社会的发展，支撑服装品牌推广的媒体形式不断创新，数量不断增多，但由于服装品牌企业之间的竞争比媒体竞争更加激烈，品牌推广的成本始终是水涨船高，价格一再攀升。然而并非所有广告媒体或形式都适合服装品牌及产品的推广。因此，选择媒体和形式有两个原则：一是能够树立良好的企业和产品形象，提高品牌的知名度、美誉度和顾客的忠诚度；二是最终能将有相应品牌的产品销售出去。只有这样才能最大限度地节省品牌推广的成本，实现企业利益最大化。

2. 产品企划研发与生产资金

（1）产品研发成本。产品研发成本主要包括人员及相关费用、场所及设备费用、设计及打样费用、检测及专利费用、营运及管理费用等多个项目。

1）人员及相关费用：包括所有参与与产品研发相关人员的工资奖金、保险福利等必须支出的费用，还有外聘研发专家所发生的相关人员费用。

2）场所及设备费用：与产品研发相关的场地租赁、设备添置及折旧费用。

3）设计及打样费用：产品设计研发过程中外出调研、组织会议、展示发布、业务培训、资讯购买、设计及样品耗材等相关费用。

4）检测及专利费用：包括新产品入市前检测、产品外观或技术专利申报等费用。

5）运营及管理费用：产品研发部门日常运营管理过程中发生的相关费用。

（2）产品生产成本。产品生产成本是服装企业为生产产品而发生的各项生产费用，包括原辅材料费用、能源费用、人工费用以及制造费用等多项费用。

1）原辅材料费用：包括原材料、辅助材料、备品备件等相关费用。

2）能源费用：包括燃料及动力等相关费用。

3）人工费用：包括生产人员的工资、补贴以及其他直接支出，如福利费等相关费用。

4）制造费用：主要指分厂或车间为组织、管理生产所发生的各项费用，包括分厂、车间管理人员工资、设备的折旧费、维修费、修理费及其他制造费用，如办公费、差旅费、劳保费等相关费用。

3. 建立终端网络资金

（1）营销推广成本。营销与推广成本是指在向市场推销的交易活动中，营销者以各种手段向顾客宣传品牌、推销产品，刺激购买，激发消费，以扩大产品销售量和市场占有率过程中所发生的一切费用。具体有以下分类方法：

1）根据营销推广方式分为：有网络营销推广（线上推广）、非网络营销推广（线下推广）、付费推广、平面推广、隐性推广、人脉推广、品牌推广、口碑推广等过程中发生的费用。

2）根据营销推广内容分为：有广告营销推广，非广告营销推广等过程中发生的费用。

3）根据营销推广时间跨度分为：区域推广、时效性推广、持久推广及综合推广等过程中发生的费用。

（2）仓储物流成本。仓储物流成本指利用自建或租赁库房、场地，储存、保管、装卸搬运、配送货物过程中发生的一切相关费用。

1）库存控制成本：仓储是物流与供应链中的库存控制中心，库存及控制过程中产生着各项费用。在经济全球化与供应链一体化背景下，库存成本是主要的供应链成本之一。

2）调度供应成本：由于仓储是物流与供应链中的调度中心，在货品调度供应中产生着各项费用，费用高低直接与供应链的效率和反应速度相关。

3）增值服务成本：现代仓储物流不仅是货品储存和运输服务，而且具备与制造业相关的后期组装、包装、打码、贴唛、客户服务等增值服务，可以说，物流与供应链中的绝大部分增值服务都体现在仓储，相关成本费用非常明确。

4）设备、技术与管理成本：货品供应链的一体化管理，是通过现代管理技术和科技手段的应用而实现的，这种应用的成本显而易见。其中包括：提高仓储效率的流程管理、质量管理、逆向物流管理等管理手段；促进供应链高效率、一体化运作的软件技术、互联网技术、自动分拣技术、光导分拣技术、声控技术等先进的科技手段和设备的应用均包含相关费用。

（3）品牌管理成本。品牌管理成本是指在品牌创设、品牌维护、品牌巩固与发展过程中产生的相关费用。品牌管理是一种有效监管控制品牌与消费者之间关系的工作，是为了形成品牌竞争优势，使企业行为更忠于品牌核心价值与精神，从而使品牌保持持续竞争力的管理行为。品牌管理的成本随品牌管理的组织体系而有所不同。

1）业主或公司经理负责制：这是一种高度集权的品牌管理形式，其最大的优点是：决策迅速，协调能力强，品牌管理的成本低廉，一般适用于产品和品牌种类比较少而且规模不大的企业。对于拥有多个品牌的大中型企业来说，品牌管理的成本虽低但很容易造成管理失效，因此从长远来看并不利于品牌的发展。

2）品牌职能管理制：职能管理制是指在公司统一领导下的各职能部门分工合作的品牌管理制度。这一品牌管理体制的成本明显要高很多。品牌管理体制的优势在于：由专业管理人员负责品牌的管理，容易在整体上提升管理的水平。另外，这一制度的突出优势往往表现为各职能部门之间有效地沟通与协调。当一家企业实行多品牌战略时，尤其当不同部门同时运作着多个相似品牌或产品时，有效管理和协调的成本非常高昂。

3）品牌经理制：品牌经理制是一种让品牌经理像管理公司一样来管理品牌的制度。品牌经理不仅要组织拟订并实施产品开发计划，确定产品经营和竞争战略，编制年度营销计划，进行营销预测，与广告代理和经销商共同研究促销方案，激励营销业务员和经销商对该品牌产品的支持，不断收集有关该品牌产品的资讯，而且要关心产品和产品线的发展，不断改进产品，以适应不断变化的市场需求，同时要与其他职能部门围绕该品牌的系统开展工作，以期利用品牌知名度获得最大的经济效益。这种品牌管理制度所产生的成本往往因品牌经理的个人能力和工作效率而有很大差异。

4．品牌公司日常运营资金

（1）房租、水电、清洁费（房租、物业费、饮用水、电费、清洁费等）；

（2）通信费（固定电话费、移动电话费等）；

（3）信息费（网络使用费、邮箱费、服务器托管费、软件费等）；

（4）办公费（办公用品、名片制作费、登记注册费、年检费、签证费、资料印刷费、报纸杂志费、办公耗材费等）；

（5）维护费（电脑维护费、设备维护费、环境维护费等）；

（6）交通费（出租车费、汽油费、维修保养费、换配件费、停车费、洗车费、过路费、车位费、租车费、搬运费、车辆保险费等）；

（7）公关费（市场推广费、广告费、礼品费、业务招待费等）；

（8）人力服务费（招聘费、推荐费、人才代理费、存档费等）；

（9）审计费、验资费、咨询费、律师费、诉讼费等；

（10）财务费用（银行手续费等）；

（11）会务费；

（12）差旅费；

（13）邮寄费（快递等）；

（14）其他费用（税费、固定资产折旧费、低值易耗品费等）。

二、单季产品的资金量预算

单季产品的资金量预算主要是指用于单季产品生产的原辅材料、加工费用、包装仓储、物流等费用的预算，其核心部分是单季产品生产的原辅材料和加工两部分的费用预算。预算工作一般由品牌企业营销中心下属的商品企划部门根据经销商订单，组织设计研发、财务预算和生产计划等部门共同商讨制定。

服装的品牌公司一般按照一年两个季节，即“春夏”或“秋冬”两季来制定服装的商品企划方案，营销部门也是按照这种季节性模式进行市场推进的。以生产四季产品的女休闲装品牌为例，一般来说，企业在两季投入的货品资金总量是接近的，夏季产品的单件成本虽低但数量大，而且春夏季节的天气变化大，很容易造成库存；秋冬季产品的单件成本高但售价也较高，而且冬季相对春夏气温要稳定一些，售货期也长得多，因此，四季产品品牌在产品的资金量预算方面季节差异一般不大。只有针对性或季节性非常强的商品群品牌，如保暖内衣类、羽绒服类、皮草类、T恤类等品牌才会根据品牌自身的市场定位进行针对性的预算。

下面以具有典型特征的四季产品的女休闲装品牌为例进行阐述。

1. 款式分类、统计、编号与汇总

品牌企划部门应将定盘投产的单季服装的所有款样按照类别、风格系列等进行汇总，编出款号（见图4—4），以便于列表确定数量并进行资金统计。

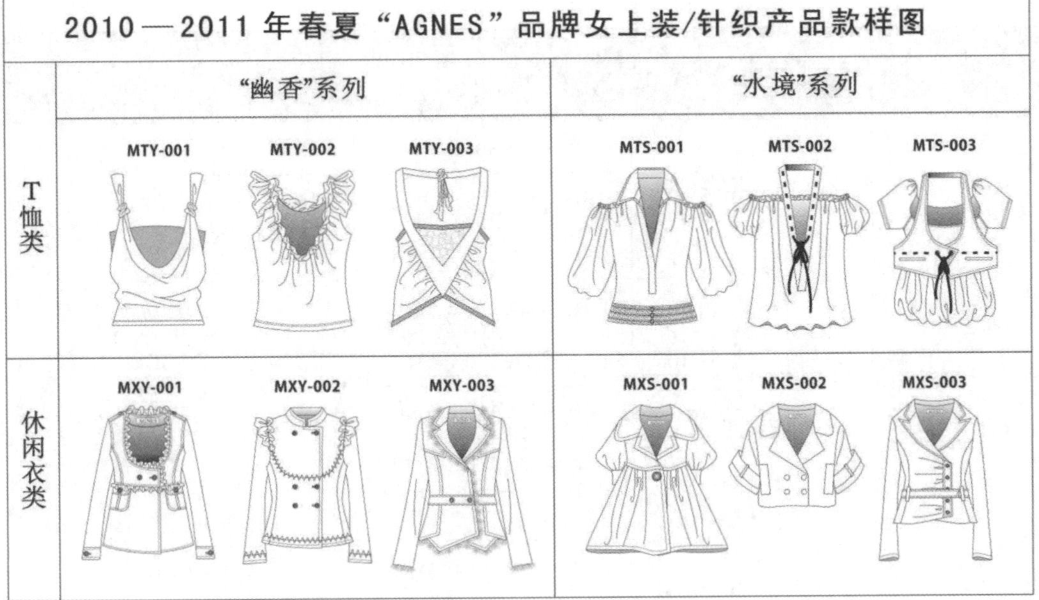

图4—4　品牌企业驻外分支机构

2. 制定单季产品的资金量预算表

按照款式类别、款式系列、款号、码号、计划生产数量、每件服装单耗、金额合计等项目逐一计算出资金量，最后统计出单件产品的资金预算总量（见表4—1）。

表4—1　单季产品的资金量预算总表

序号	类别	系列	款号	码号	数量（件）	单耗（元）	金额（元）	合计（元）
1	T恤	幽香系列	MTY-001	160/84A	2 000	22	44 000	450 000
				165/88A	3 000	23	69 000	
				170/92A	1 000	24	24 000	
			MTY-002	160/84A	2 500	20	50 000	
				165/88A	3 500	21	73 500	
				170/92A	1 500	22	33 000	
			MTY-003	160/84A	2 500	20	50 000	
				165/88A	3 500	21	73 500	
				170/92A	1 500	22	33 000	

续上表

序号	类别	系列	款 号	码 号	数量（件）	单耗（元）	金额（元）	合计（元）
1	T恤	水境系列	MTS-001	160/84A	2 000	25	50 000	441 500
				165/88A	3 000	26	78 000	
				170/92A	1 000	27	27 000	
			MTS-002	160/84A	2 500	22	55 000	
				165/88A	3 500	23	80 500	
				170/92A	1 500	24	36 000	
			MTS-003	160/84A	1 500	22	33 000	
				165/88A	2 000	23	46 000	
				170/92A	1 500	24	36 000	
2	休闲衣类	幽香系列	MXY-001	160/84A	500	33	16 500	215 100
				165/88A	1 000	36	36 000	
				170/92A	600	38	22 800	
			MXY-002	160/84A	500	35	17 500	
				165/88A	600	37	22 200	
				170/92A	300	39	11 700	
			MXY-003	160/84A	800	35	28 000	
				165/88A	1 000	37	37 000	
				170/92A	600	39	23 400	
		水境系列	MXY-001	160/84A	600	42	25 200	255 400
				165/88A	1 000	44	44 000	
				170/92A	400	46	18 400	
			MXY-002	160/84A	600	28	16 800	
				165/88A	1 200	30	36 000	
				170/92A	600	32	19 200	
			MXY-003	160/84A	800	35	28 000	
				165/88A	1 200	37	44 400	
				170/92A	600	39	23 400	

续上表

序号	类别	系列	款 号	码 号	数量（件）	单耗（元）	金额（元）	合计（元）
3	毛衣		略					
4	裙装		略					
5	裤装		略					
6	其他		略					
金额总计（元）			略					

通过“单季产品的资金量预算表”统计出产品资金总量之后，还需要在此基础上追加30%的资金作为追加订单、追加单耗（考虑原辅材料价格上涨因素等）、追加产品种类、加付仓储物流及劳务费等其他不可预知经费的支出。

三、生产资源与生产能力预算

资源是组织确定过程、建立管理体系、实现质量方针和质量目标的必要条件。一个品牌公司拥有的生产资源和生产能力是很具体的，品牌拥有者或企业主对此是非常清楚的，在单季货品定盘之前一定会对本企业的生产资源和生产能力进行合理预算和综合考量。主要包括以下几个方面：

1. 生产资源

（1）设施资源：用于服装生产的基础设施方面的资源，也就是实施管理体系和生产流程运作的必备设施。

（2）设备资源：与服装企业生产规模相适应的能满足生产要求的必备的设备和工艺技术装备。

（3）产品检验资源：具备符合国家、行业或企业标准的与生产规模相适宜的服装产品检验设备、器具及软件。

（4）人力资源：设置符合质量管理体系要求的各工作岗位，具备质量活动及规定执行能力和职责的专职人员，具有专业经历并取得相应的职业资质证书。

2. 生产能力

生产能力是指在服装品牌商品企划规定的生产计划期内，企业参与生产的全部固定资产，在既定的组织技术条件下，所能生产的服装产品数量，或者能够完成并交付的订单数量。

生产能力是反映服装品牌企业生产可能性的一个重要指标，也是反映服装企业所拥有的加工能力（或发放订单的能力）、生产能力（或完成订单的能力）的一个技术参数，它还可以反映企业的生产规模。每位企业主管之所以十分关心生产能力，是因为他随时需要知道企业的生产能力能否与市场需求相适应。当需求旺盛时，他需要考虑如何增加生产能力，以满足需求的增长；当需求不足时，他需要考虑如何缩小规模，避免能力过剩，尽可能减少损失。对贸易型品牌公司来说，在下订单之前，一定会通过验厂这一重要环节来确定加工企业现有的生产资源和生产能力能否在规定交货期内保质保量地交付订单的产品。

四、生产计划与货期预算

在品牌运作过程中，为了按时推出服装商品，拟定详细、严密的生产计划并对货期做出准确的预算是保证货品顺利进入营销系统的重要环节。

1. 生产计划

生产计划是关于企业总体生产运作的系统计划，是企业在计划期应达到的品种、产量、质量和产值等生产任务的计划和进度安排，是指导企业在一定的计划期内生产活动的实施方案。

品牌公司在执行商品生产计划（订单）时，是按照设定的产品货期循序而执行的，设定合理的货期，一方面加速了资金的流动，防止了因商品生产过早而占用资金，另一方面也减少了货品仓储的成本。所以，延误货期对于服装品牌企业来说不仅会造成货品缺售、库存积压和占用资金，更重要的是打乱了品牌产品整体的销售计划，特别是货品之间的可搭配性将直接受到影响，其中隐性损失可能非常巨大，这也就是由于延误货期而被要求巨额索赔的原因所在。

2. 货期预算

货期是指服装品牌公司确定要这个货品（产品），到你能拿到这个货品的时间，包括生产时间和路上运输的时间。服装品牌公司在下单前就要跟加工企业沟通好交货期问题，外发订单到加工企业一般都会预付30%的订金，一个服装产品的大货生产时间一般为30～60天，但要考虑加工企业存在的诸多原因，一般情况下，服装品牌公司外发订单时给工厂的货期比实际货期早7～14天，如果工厂的货期比公司实际的货期延迟1～3天的，加工费折扣10%，延迟3～7天折扣25%，延迟7～14天以上的折扣为50%，14天以后的可以考虑取消后续订单。

第三节　服装市场的综合性调研与分析

随着全球经济一体化趋势越来越明显，受其影响下的服装原辅材料以及消费品市场的变化越来越大。因此，在策划某一季服装商品之前，品牌服装企业必须对服装市场进行综合性的调研与分析，包括服装原材料市场的调研与分析、服装市场的调研与分析和目标市场的调研与产品反馈分析。

一、服装原材料市场的调研与分析

创设品牌之前，服装品牌企业必须针对国内外服装原材料市场，包括面料、辅料、纱线的现状与趋向进行详细的调研与分析，除了服装企业自行组织开展调研与分析外，这项工作也可以委托专门的信息公司来做，或通过专业渠道购买此类信息报告。通常的做法是购买信息和自行组织调研相结合。服装原材料市场调研与分析的具体工作内容分为以下几个部分：

1. 国内原材料市场调研分析

调研分析国内原材料市场的现状，包括：

（1）了解国内服装流行趋势推出的面辅材料趋向特征。

（2）了解国内各地区服装面辅材料产地及批发市场的整体情况。

（3）掌握本品牌产品所需的原材料以及可替代品的供需状况。

2. 国外原材料市场调研分析

调研分析国外原材料市场的现状，包括：

（1）了解国际服装流行趋势推出的面辅材料趋向特征。

（2）了解亚洲和欧美地区服装面辅材料产、供、销整体情况。

（3）掌握本品牌产品所需的进口原材料及替代品的代理（分销）商情况。

3. 相关政策法规

了解与品牌目标市场所在的国家、地区、行业等相关的政策、法规、标准、环保规定等，特别是要符合相关的面辅材料的监测要求和指标。

4. 服装原材料分析与预测

服装品牌企业通过对服装原材料市场的调研，根据定盘产品的要求和计划对收集的信息进行分析，最终确定品牌产品订单中需要采购或定制的面辅材料的材质、品种、规格、色号、数量和交付时间。

二、服装市场的调研与分析

服装市场的调研与分析是收集服装市场调查统计数据及品牌资料，分析国内服装市场中知名企业和竞争品牌（相同风格定位、相同目标市场）的市场动向的一项信息采集和研究工作。

1. 商场销售调研分析

通过对不同商场、不同分销渠道销售能力的调研，分析出适合本品牌初期入市进行产品销售的优选途径。

2. 生产企业调研分析

通过调研竞争品牌产品以及相关替代产品，掌握其加工生产企业的生产能力、追单交付能力、品质保障能力等综合状况，了解竞争品牌的市场上货速度及市场占有率的变化等情况。

3. 竞争品牌调研分析

通过调研分析，掌握竞争品牌的（相同风格定位、相同目标市场）市场动向，预测其下一季产品的构成特征、造型变化以及搭配方式等的变换情况，推断出产品的上市波段、数量和资金回笼情况。

三、目标市场的调研与产品反馈分析

目标市场是服装品牌直接对应的消费群市场，关系到品牌和企业的生存与发展，服装品牌策划以及商品企划的目的就在于掌控住目标市场，因此，针对目标市场的调查研究并对产品进行反馈分析，则是一项开拓和保有市场的现实策略。

1. 目标市场调研

目标市场调研主要包括对定位的目标市场中的产品、客户、销售渠道和竞争者的调研。针对品牌目标市场的调研是制定品牌风格、产品结构、数量和价位设定的重要依据。首先要熟悉自身经营的产品，要对产品的质量（如性能、特点、款式、包装、售后服务等）、价格(如成本、费用、利润及批零价格等)、设计和生产（如设计水平、生产能力等）等状况了如指掌。其次要深入调查目标市场中客户对产品品质的要求；切实把握目标市场的供求关系，找准供求平衡点；掌握目标市场产品的销售价格和相关的折扣及费税情况。最后要调查目标市场的服饰文化背景、穿着习惯，包括消费者个人的偏好、购买习惯等，选用合适的销售渠道和方式。此外要通过调研同业竞争者和替代者，了解、比对同一战略种群内部的企业所定位的目标顾客的优劣。

目标市场调研后要对目标市场的状况进行分析，目的是了解整个市场规模的大小以及本企业与竞争对手对比的情况，市场状况分析必须包含下列12项内容：

（1）整个目标市场的规模；

（2）各竞争品牌的销售量与销售额的比较分析；

（3）各竞争品牌市场占有率的比较分析；

（4）消费者年龄、性别、职业、学历、收入、家庭结构之分析；

（5）各竞争品牌产品优缺点的比较分析；

（6）各竞争品牌市场区域与产品定位的比较分析；

（7）各竞争品牌广告费用与广告表现的比较分析；

（8）各竞争品牌促销活动的比较分析；

（9）各竞争品牌公关活动的比较分析；

（10）各竞争品牌定价策略的比较分析；

（11）各竞争品牌销售渠道的比较分析；

（12）各竞争品牌公司过去5年的损益情况分析。

2. 产品反馈分析

对于初次入市的品牌来说，产品反馈分析是针对相同定位目标市场的竞争品牌和替代品牌产品的反馈与分析，从其他品牌的成败得失可以总结出很多经验教训，从而规避入市的风险和可能遇到的危机。产品反馈分析是根据对市场上的品牌、产品和销售与自身的情况作比对分析，要通过调研了解、分析产品销售下滑主要原因，例如：

（1）近期天气气温变化导致该款产品销售下滑。

（2）该产品销售生命周期已到，属于正常下滑。

（3）市场出现与之相类似的替代款式，由于消费者对老款出现视觉疲劳而更青睐于新款而导致下滑。

因此，产品信息反馈分析可以按照以下几个方面分类展开（见表4—2）：

表4—2　产品信息反馈分析表

品牌分析	自身分析：品牌影响力、产品优势与弱势、市场占有率等
	市场格局：品牌集中度，市场局势、市场态势、潜力等
	竞争对手：品牌影响力、产品优势与弱势、市场占有率等
产品分析	风格：品牌定位、流行元素、个性特色等
	面料：材质、风格、手感、功能、时尚度等
	款式：造型设计、结构设计、工艺品质、时尚度等
	色彩：产品色彩与图案、包装色彩与图案、流行时尚等
	店铺：店面形象、路线设计、产品陈列、服务水平等
销售分析	销售差异分析：品牌、价格、售后服务、销售策略等
	微观销售分析：未能达到销售额的特定产品、地区等
	提升方法：客户整合、补货速度、产品形象、售后服务等

第四节　服装品牌的命名与注册

服装品牌命名的方法虽然多种多样，但按照类型区分就能发现其中的规律，如果能遵循一定原则命名品牌，则更会快捷而有效。而服装品牌的注册作为国家知识产权保护的一项措施，按照一定程序进行申办是基本原则。

一、服装品牌的类型

服装品牌主要有家族品牌、企业名品牌、单一产品品牌和设计师品牌四大类型。

1．家族品牌

以家族名称作为品牌名。如杰尼亚、普拉达、Max Mara、路易·威登、芬迪等。

2. 企业名品牌

以企业名称作为品牌名称。如安莉芳、恺撒、杉杉、雅戈尔、庄吉、报喜鸟、沃尔玛等。

3. 单一产品品牌

以特定产品类范围而统一标志的品牌。如三枪（内衣）、AB（内衣）、KK（男衬衫）、九牧王（男西裤）、裙皇公主（女裙）等。

4. 设计师品牌

以设计师名作为品牌名。如巴伦夏卡、夏奈尔、克里斯蒂昂·迪奥、吉旺希、巴尔曼、范思哲、薄涛、陶玉梅、荣萍等。

二、服装品牌命名的原则

品牌名称设计是用特定的语言和称谓来表达品牌理念、传达产品属性等信息的重要步骤。品牌的命名应遵循以下几个原则：

1. 简短易读

品牌名称应简洁明了，字符数不能过长过繁，要容易拼读，而且要能做到发音清晰、朗朗上口。

2. 易记易写

品牌名称的字符组合应容易记忆且书写方便，切忌为了形式而过于烦琐。

3. 符合产品属性

品牌名称的读音常常给消费者一些音域的联想，而这些联想所对应的惯有的商品特征是相互关联的，例如，服装品牌名不能听起来像家电产品。所以，服装品牌的命名要考虑这些相关因素，以免与其他类别的商品混淆。

4. 具有可传承性

服装品牌名称，不论在拼读、形象、标志等方面，均应具备传承于各时代的持久性，避免一味追求时尚和流行而导致将来“落伍、过时”的风险。

5. 适合所有媒体

服装品牌名称应充分考虑到各种广告媒体的专业化特征，符合视觉、听觉等各种媒体的传达方式。

6. 符合文化习惯与道德风尚

服装品牌名称在字符组合、读音标志、形象传达等诸多方面，均应符合世界各地域、尤其是目标市场所在地的民族文化习惯、道德风尚，避免出现不必要的麻烦。

7. 法律许可

服装品牌名称命名一定要在法律许可范围内选择，避免出现侵权和其他有违法律规定的命名。例如，符合商标法的规定，进入合法的注册程序。

三、服装品牌命名的方法

服装品牌命名的方法主要有衍生型、拟音型、仿生型、字符型、寓意型、叠音型六种。

1. 衍生型

倚借具有较高知名度和良好市场业绩的品牌展开衍生和模仿。如彬彬——杉杉、培罗成——培罗蒙、罗蒙——培罗蒙、雪儿——密雪尔等。

2. 拟音型

根据读音的直译文字作为品牌名。如ERDOS——鄂尔多斯、Metersbonwe——美特斯邦威、FAPAI——法派、真维斯、佐丹奴、宝姿等。

3. 仿生型

以人物、动物、植物、景物为特征构成品牌名称。如夏奈尔、范思哲、恺撒、七匹狼、报喜鸟、啄木鸟、天马、鹿王、雪莲、稻草人、月亮河、天坛等。

4. 字符型

以中外文字、数字等字符或词组命名品牌。如中文：花笙记、陶玉梅、衡韵等；英文：Utter、MINZESTYLE、PAMELLA等；数字：U2、G2000、1+1、361° 等。

5. 寓意型

将品牌赋予一定的象征意义。如江南布衣、才子、漂亮宝贝、小机灵、富绅、佳丽等。

6. 叠音型

以字符读音的重复、叠合组合成品牌名。如COCO（可可）、CICCI（吉吉）、LILY（莉莉）等。

某些市场运作得比较好的服装品牌，为了扩大商品线，通常围绕着一个成熟的品牌，推出一系列相关的副牌（二线品牌、三线品牌或单品线品牌）。许多国际大品牌服装公司之所以竭力维持高级奢侈品的形象，其目的正在于依仗大牌效应抢夺以年轻消费群为主体的中低档成衣市场，为此，扩大商品线是必然的举措。这类企业在为副牌命名时，通常做法就是用类似的方式来确定。

四、服装品牌的VI设计

企业文化是20世纪80年代企业管理思想的产物，被公认为是现代企业管理的有效模式。CIS是英文Corporate Identity System的缩写，其意思是企业统一化识别系统。CIS认为，要将企业形象作为一个文化整体进行建设和发展。

1. 构成CIS的基本内容

（1）“企业理念识别”——MI（Mind Identity）；

（2）“企业行为识别”——BI（Behavior Identity）；

（3）“企业视觉识别”——VI（Visual Identity）。

其中，VI（Visual Identity）专指“用视觉形象来进行企业的个性识别”。通常被译为“视觉识别系统”，VI的视觉识别是以标志、标准字、标准色为核心展开的完整的、系统的视觉表达体系，能以丰富而多样的表现形式，将CI的非可视内容转化为静态的视觉识别符号，并在最广泛的层面上，进行最直接的传播。VI设计与品牌策划工作紧密相关，是整个CIS系统中最具传播力和感染力的部分。成功的VI设计所建构的视觉识别系统，是传播企业经营理念、建立品牌知名度、塑造品牌形象的快捷途径。

2. VI设计的五项内容

（1）基本系统要素设计；

（2）标志设计；

（3）标准字设计；

（4）标准色设计；

（5）标志和标准字的组合设计。

3. VI设计的应用途径

（1）办公用品。包括信纸、信封、便笺、介绍信、文件夹、名片、徽章、工作证、请柬、账票、备忘录、资料袋、公文表格等。

（2）企业外部建筑环境。包括建筑造型、公司旗帜、企业门面、企业招牌、公共标志牌、路标指示牌、广告塔、霓虹灯广告、庭院美化等。

（3）企业内部建筑环境。包括企业内部各部门标志牌、常用标志牌、楼层标志牌、企业形象牌、旗帜、广告牌、POP广告、货架标牌等。

（4）交通工具。包括轿车、面包车、大巴士、货车、工具车、油罐车、轮船、飞机等。

（5）服装服饰。包括经理制服、管理人员制服、员工制服、礼仪制服、文化衫、领带、工作帽、纽扣、肩章、胸卡等。

（6）广告媒体。包括电视广告、杂志广告、报纸广告、网络广告、路牌广告、招贴广告等。

（7）产品包装。包括纸盒包装、纸袋包装、木箱包装、玻璃容器包装、塑料袋包装、金属包装、陶瓷包装、包装纸等。

（8）公务礼品。包括T恤衫、领带、领带夹、打火机、钥匙牌、雨伞、纪念章、礼品袋等。

（9）陈列展示。包括橱窗展示、展览展示、货架商品展示、陈列商品展示等。

（10）印刷品。包括企业简介、商品说明书、产品简介、年历等。

五、服装品牌的商标注册

创设新的服装品牌必须进行品牌商标注册，商标注册有利于品牌产品的销售和企业知识产权的保护。我国商标法规定，商标注册申请人必须是：依法成立的企业、事业单位、社会团体、个体工商业者、个人合伙或者与中国签订协议或与中国共同参加国际条约或按对等原则办理的国家的外国人或者外国企业。符合上述条件，需要取得商标专用权时，按照自愿的原则，向商标局提出商标的注册申请。

1. 商标注册需要的资料

（1）公司名义注册商标需提供营业执照复印件、清晰的商标标志、商标申请书、委托书。

（2）商标图样6张(申请书背面贴1张，交5张)要求图样清晰、规格为长和宽不小于5 cm并不大于10 cm。若指定颜色，贴着色图样1张，交着色图样5张，附黑白图样1张。

（3）个人名义注册需提供身份证复印件、个体工商户营业执照复印件、清晰的商标标志等。

2. 商标代理公司注册流程

服装商标注册程序如下：

（1）确定商标名字并联系代理公司，让其帮忙查询，在此基础上设计出能注册的商标名字。

（2）确定商标字体、色彩、图形等各种形式要素。

（3）公司名义商标注册需要提供营业执照复印件、清晰的商标标志、申请书、委托书等。

（4）个人名义商标注册需要提供身份证复印件、个体工商户营业执照复印件、清晰的商标标志、申请书、委托书等。

（5）缴费并获得代理公司出示的证明等文件。

（6）等待代理公司告知商标注册的进展情况。

3. 服装商标的注册费用

服装商标注册费用规费为1 000元，这是上报到商标局的费用，如果是委托代理机构办理的，还需另交1 000元左右的代理费用（代理费用视代理机构服务水平而定），申请10个商品/服务项目以上，官费增收100元/个，代理费80元/个。

4. 服装商标注册的办理方式

（1）申请人直接到国家商标局办理。

（2）委托代理机构办理：在提供上述资料后，由商标代理机构制作好《商标注册申请书》《商标代理委托书》，申请人签章确认，缴纳注册费用并签订相应合同，当天（12点前）报送国家商标局进行申请，当天返回商标局报送清单。

5. 服装商标注册所需时间

由国内代理机构当日提交，一般3个工作日内发到国家商标局，2个月左右发商标局正式受理通知书，一年半左右商标审查期，3个月的公告期，整个过程要两年半左右，具体根据商标局工作进度和类别的申请量来定。

6. 注册商标的有效期

根据商标法的规定，注册商标的有效期为10年，自核准之日起计算。有效期期满之前6个月可以进行续展并缴纳续展费用，每次续展有效期仍为10年。续展次数不限。如果在这个期限内未提出申请的，可给予6个月的宽展期。若宽展期内仍未提出续展注册的，商标局将其注册商标注销并予公告。

六、服装品牌商品的条形码注册

商品条形码就是商品的身份证明，服装品牌商品的条形码注册可以保护商品和消费双方利益，是有效杜绝假冒伪劣商品损害品牌形象和消费者利益的一项措施。

1. 条形码及其分类

条形码实际是品牌服装产品进入市场后的身份证明，商品条形码技术是随着计算机与信息技术的发展和应用而诞生的，它是集编码、印刷、识别、数据采集和处理于一身的新型技术。商品条形码极大方便了商品流通，现代社会已离不开商品条形码，据统计，目前我国已有50万种产品使用了国际通用的商品条形码。因此，为了使商品能够在全世界自由、广泛地流通，品牌服装企业对条形码技术必须认真掌握，以适应国际市场的需要。

目前世界上常用的码制有ENA条形码、UPC条形码、二五条形码、交叉二五条形码、库德巴条形码、三九条形码、128条形码等，而商品上最常使用的就是EAN商品条形码。EAN商品条形码也称通用商品条形码，由国际物品编码协会制定，是国际通用的商品代码，是以直接向消费者销售的商品为对象，以单个商品为单位使用的条形码，通用于世界各地，是目前国际上使用最广泛的一种商品条形码。我国目前在国内推行使用的也是这种商品条形码。EAN商品条形码分为EAN－13（标准版）和EAN－8（缩短版）两种。

2. 条形码的组成

商品条形码是指由一组规则排列的条、空及其对应字符组成的标志，用以表示一定的商品信息的符号。其中条为深色、空为纳色，用于条形码识读设备的扫描识读。其对应字符由一组阿拉伯数字组成，供人们直接识读或通过键盘向计算机输入数据使用。这一组条空和相应的字符所表示的信息是相同的。

EAN－13通用商品条形码一般由前缀部分、制造厂商代码、商品代码和校验码组成。商品条形码中的前缀码是用来标注国家或地区的代码，赋码权在国际物品编码协会，如00～09代表美国、加拿大。45～49代表日本。690～692代表中国大陆，471代表我国台湾地区，489代表中国香港。制造厂商代码的赋权在各个国家或地区的物品编码组织，我国由国家物品编码中心赋予制造厂商代码。商品代码是用来标注商品的代码，赋码权由产品生产企业自己行使，生产企业按照规定条件自己决定在自己的何种商品上使用哪些阿拉伯数字为商品条形码。商品条形码最后用1位校验码来校验商品条形码中左起第1～12数字代码的正确性。

向物品编码中心申请代码证，里面会有国家物品编码中心赋予公司一个制造厂商代码，只需申请一次即可，制造厂商代码是中国物品编码中心按照国家标准的规定，在EAN分配的前缀码的基础上增加4位数或5位数编制的，用于对厂商的唯一标志。 商品代码是取得中国物品编码中心核准的商品条码系统成员资格的企业，按照国家标准的规定，在已获得的厂商识别代码的基础上，自行对本企业的商品项目进行的编码，包括5位或4位数。范例中“690”代表中国大陆，“1234”代表制造厂商，“567892”是某一产品的编码，三部分共同构成商品条形码（见图4—5）。

图4—5 商品条形码构成范例

商品条形码的编码遵循唯一性原则，以保证商品条形码在全世界范围内不重复，即一个商品项目只能有一个代码，或者说一个代码只能标注一种商品项目。不同规格、不同包装、不同品种、不同价格、不同颜色的商品只能使用不同的商品代码。

商品条形码的标准尺寸是37.29 mm×26.26 mm，放大倍率是0.8～2.0。当印刷面积允许时，应选择1.0倍率以上的条形码，以满足识读要求。放大倍数越小的条形码，印刷精度要求越高，当印刷精度不能满足要求时，易造成条形码识读困难。

由于条形码的识读是通过条形码的条和空的颜色对比度来实现的，一般情况下，只要能够满足对比度（PCS值）的要求的颜色即可使用。通常采用浅色作空的颜色，如白色、橙色、黄色等，采用深色作条的颜色，如黑色、暗绿色、深棕色等。最好的颜色搭配是黑条白空。根据条形码检测的实践经验，红色、金色、浅黄色不宜作条的颜色，透明、金色不能作空的颜色。

EAN－8商品条形码是指用于标注的数字代码为8位的商品条形码，由7位数字表示的商品项目代码和1位数字表示的校验符组成。

3. 部分国家和地区（EAM）成员的条形码前缀码

部分国家和地区（EAM）成员的条形码前缀码见表4—3。

表4—3 部分国家和地区（EAM）成员的条形码前缀码

国　别	前缀码	国　别	前缀码	国　别	前缀码
美国、加拿大	00～09	中国大陆	690～692	中国香港	489
以色列	729	中国台湾	471	瑞士	76
丹麦	57	日本	45～49	比利时、卢森堡	54
玻利维亚	773	委内瑞拉	759	西班牙	84
芬兰	64	智利	780	挪威	70
奥地利	90～91	厄瓜多尔	786	新西兰	94
意大利	80～83	古巴	850	斯洛文尼亚	383
荷兰	87	捷克	859	德国	400～440
澳大利亚	93	韩国	880	乌拉圭	773
保加利亚	380	新加坡	888	拉脱维亚	475
克罗地亚	385	马来西亚	893	斯里兰卡	479
瑞典	73	俄罗斯	460～469	越南	977
爱沙尼亚	474	墨西哥	750	塞浦路斯	529
立陶宛	477	哥伦比亚	770	马耳他	535
菲律宾	480	秘鲁	775	葡萄牙	560
希腊	520	阿根廷	779	波兰	590
马其顿	531	巴拉圭	784	匈牙利	599
爱尔兰	539	巴西	789	毛里求斯	609
冰岛	569	斯洛伐克	858	阿尔巴尼亚	613
罗马尼亚	594	印度尼西亚	899	摩洛哥	611
南非	600～601	泰国	885	法国	30～37
印度	890	英国	50		

4. 商品条形码的注册申请

商品条形码注册首先必须要满足必要的注册条件，然后准备齐全所需的材料，按照注册申请流程注册申请即可。

（1）注册条件。依法取得企业法人营业执照或营业执照的生产者、销售者可根据自己的经营需要，申请注册厂商识别代码。

（2）注册程序

1）企业持营业执照原件（审核校对后退回），领取并填写《中国商品条码系统成员注册登记表》，加盖企业公章，按规定向编码中心缴纳注册费用（按收费依据和标准），提供以下材料（各一式三份）：

A.《中国商品条码系统成员注册登记表》；

B. 企业营业执照复印件；

C. 组织机构代码证复印件；

D. 缴费凭证复印件；

E.《集团公司下属分公司基本信息表》（集团公司须填写）。

2）省物品编码分中心收到注册申请材料后，5个工作日内完成初审，初审合格的上报中国物品编码中心审批，不合格的退回企业；

3）中国物品编码中心批复后，由省物品编码分中心向企业颁发中国商品条码系统成员证书。

第五节　服装品牌的风格定位与标志

服装品牌的风格指的是服装品牌作为物质所反映出来的视觉形象的表征，是随历史发展而约定俗成的那种相对稳定的形象类型，也是服装品牌和产品集中体现出来的审美取向和个性特征，服装品牌风格定位取决于服装品牌所确立的市场定位。

一、服装品牌的风格总体设定

一般情况下，服装品牌总体风格可以在男性化和女性化两大趋向细分下的八大类风格中进行选择、调整、变化或组合，在程度或兼容度方面策划并设定品牌自身的总体风格取向，从而形成品牌自身的个性特色（见图4—6）。

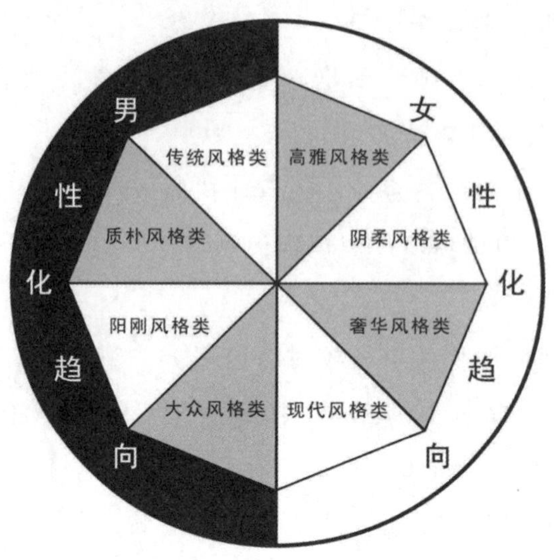

图4—6 成衣风格的类型

1. 男性化风格趋向

（1）传统风格。带有强烈的文化传承性和怀旧、复古情调的风格被称为传统风格。服饰的传统风格具体表现为过去时代经典服装造型元素的回归，例如，大量吸取服装史上的造型、款式、色彩、图案以及工艺手法，用现代素材营造出一种带有历史积淀意味的、寓旧于新的外观形态，对于以稳重矜持为高尚的男装来说，传统风格是最为主要的风格并与现代风格相对比。

（2）质朴风格。那种田园牧歌式的服饰风格称为质朴风格。对于整日奔波在水泥丛林中的现代人们，农耕时代的安乐和悠闲已成为一种渐行渐远的奢望，那种原生态的田园牧歌昭示着自然和野性，这在现代文明的洪流中成就了自然人的天性和精神追求，质朴风格的服饰风格正是这种追求在衣着领域的体现，而且这种风格所共有的一些极端化方式如邋遢、破旧等元素，也会在流行的衰退期撼动最保守人士的心灵，质朴与奢华是两种对比风格。

（3）阳刚风格。具有典型的男性化的直率、刚健、稳重、强悍等特征的风格被称为阳刚风格。服饰中的阳刚风格多以平直的线条、方正的形体、简洁的廓型、粗犷的质地、稳重的色彩、激烈或冷峻的图案装饰为形式元素建构服饰造型，以表现大气磅礴、不拘小节的风格，它与阴柔风格形成鲜明对比。

（4）大众风格。以社会大众群体的共性审美情趣为依托的一般性、世俗化的服饰风格称为大众风格。它以群体的审美规范下的视角为基准，具有世俗和媚俗的特征。大众化风格代表着中下层民众的审美角度和欣赏水平，具有广泛的社会基础，这与高雅风格正好相反。

2. 女性化风格趋向

（1）高雅风格。对立于庸俗或粗俗的、立足于一定高度或角度的审美情趣和欣赏水平所表现的服饰特征称为高雅风格。高雅在表现形式和选择内容上带有强烈的排他性和孤芳自赏，它所表现出来的精致、含蓄、端庄和浪漫往往含有一定程度的矫情和傲慢，高雅风格的服饰讲求历史经典的传承和程式化元素的运用，是女性化风格类别中最具有神圣感和高尚意味的风格倾向。

（2）阴柔风格。以女性化的柔弱、妩媚、矫情为典型特征的风格称为阴柔风格。在服饰造型中多以柔和的曲线和曲面、繁复而琐碎的细节、矫饰而怪诞的图案或色彩将流行时尚推向服饰女性化风格的极端。

（3）奢华风格。具有浓重装饰感的，奢侈而华丽的，略带艳俗和炫耀的服饰风格称为奢华风格。奢华风格的服饰往往大量运用光泽感或能够反衬光泽感的贵重素材，如天鹅绒、皮草、钻石和金属亮片等来彰显豪华、奢侈和不同寻常的高人一等。

（4）现代风格。以去繁就简、动感休闲、都市情调和中性化为主要导向，展现现代人日常生活方式的服饰形态特征称为现代风格。紧随流行时尚，真切反映现代服饰的审美情趣，强调功能和简约是现代风格在服饰造型中的具体表现。

二、季节主题的风格设定

季节主题的风格设定是以服装品牌的总体风格贯穿流行趋势中的时尚元素综合而成的差异化的主题性风格，主题风格的效果呈现是产品（含外观）及其市场推广媒介形式，目的在于提供定位消费群体以不同的审美取向的产品选择，以满足消费者“共性中追求个性”“个性中追求特色”的心理诉求。

季节性主题风格是基于品牌总体风格，对服装流行趋势进行主观解读的集中反映。一般是将服装流行趋势中的时尚元素与八大类风格的扩展、衍生风格相融合，从中衍化出为品牌特有的主题性风格，为新一季产品开发提供理念指导。

1. 男性化风格的扩展设定

（1）传统风格类可以扩展出经典、怀旧、正统、复古、保守、民俗等风格倾向。

（2）质朴风格类可以扩展出质朴、田园、自然、野性、邋遢、破旧、荒蛮、蒙昧等风格倾向。

（3）阳刚风格类可以扩展出生辣、强悍、激烈、冷峻、粗犷、阳光、严肃、沉重等风格倾向。

（4）大众风格类可以扩展出活泼、运动、秀丽、清纯、可爱、光鲜、轻佻、粗俗等风格倾向。

2. 女性化风格的扩展设定

（1）高雅风格类可以扩展出典雅、精致、含蓄、端庄、神圣、高尚、浪漫、女性化等风格倾向。

（2）阴柔风格类可以扩展出矫情、妩媚、柔弱、矫饰、怪诞、阴柔、病态、虐恋、另类、灵异等风格倾向。

（3）奢华风格类可以扩展出性感、靓丽、艳俗、炫耀、华丽、矫饰、奢华等风格倾向。

（4）现代风格类可以扩展出简洁、运动、休闲、都市、中性化、街头等风格倾向。

第六节　服装产品的构架

服装产品的构架指的是构成品牌服装产品类别的框架，只有在产品构架之下，对主题产品系列进行的规划才能使得品牌的商品企划趋于平衡。

一、服装产品的类别

服装产品类别的区分方法很多，按照品牌企业和服装市场销售的习惯，大致可以分为女装类产品、男装类产品和童装类产品。

1. 女装类产品

女装的产品种类繁多，按照穿着习惯来分可以分为日常服装和礼仪正装两大类。

（1）日常服装。女子日常服是女性在生活中穿着的以舒适、美观、流行、适体等日常要求的服装。一般地，女子常服按照形式可分为内衣、衬衣、T恤、线衫、连衣裙、套装、外套、半截裙、裤子等品种。如果按穿着层次来区分则可分为内衣、套装、外套和下装等。

1）内衣：以文胸内裤套形式的内衣是女内衣的基本类别，有普通内衣、矫形内衣和装饰内衣三大类。普通内衣是满足女性御寒保暖、卫生护体等基本衣生活方式的内衣产品；矫形内衣是通过既定的衣内空间，矫正、调整女性体表的局部形态，起到修饰女性身体作用的内衣；装饰内衣也称为“情趣内衣”，是以性爱为主题的一种突显视觉感官刺激的“非常规”内衣。

2）女衬衣、T恤：衬衣、T恤是女性春秋季节搭配套装和夏季穿着的主要服装，穿着极为广泛。按照衬衣、T恤的面料可分为针织、梭织；按纤维材料可以分为棉、毛、丝、麻及化纤等；按款式则可分为长袖、短袖、无袖、有领、无领、宽松和紧身等。由于衬衣和T恤基本属于日常便装，款式活泼多样，穿着则轻松随意。

3）线衫：线衫指的是用棉线、毛线、丝线、麻线或其他材质的线采用针织钩、编而织成的女装，最常见的是羊毛衫和羊绒衫。

4）连衣裙：连衣裙也称连身裙，指上衣与下裙连成一体的服装造型有连腰与断腰两种形式，是女装中最古老的服装种类。无论是中国的深衣、旗袍，还是古埃及的贯头长衣、古希腊的希敦服、古罗马人的直鞘式长衣，都是典型的连衣裙。作为一种传统服装，连衣裙一直广泛受到人们的钟爱，至今仍被人们认为是最能表现女性身姿曲线美的服装。

5）女套装：女子套装一般指上下分开用相同的或在面料的材质、色彩、图案上能构成系列的上下装搭配形式。最初的女套装由男子套装演变而来，称为“男式女服”，起源于19世纪80年代，以后逐渐开始流行用作为办公室、外出散步和休闲等场合。现代女套装则广泛用于商务办公等场合，国内通常也称之为职业套装。

6）女外套：外套是女子外出时穿在最外层的服装，由于穿着用途不同，衣服长短宽窄变化多样，一般可分为大衣、风衣、防寒服三大类。

7）女下装：女下装包括女裤和女裙，传统的女下装多以体现女性高贵、典雅、温柔气质的裙子组合为经典，裤装的广泛流行始于20世纪六七十年代。随着社会发展，现代女性穿着裤装的形象被广泛认同为舒适、时尚和美。

裤子的外形大致可分为松紧适度的直筒形、上宽下窄的锥子形、上紧下松的喇叭形三类。基本的裙型称为“一步裙”，由此而衍生变化出上紧下松的“A形裙”“喇叭裙”和中间膨胀的“O形裙”等。

（2）礼仪正装。女正装指根据某种礼仪要求适宜在正式场合穿着的一类服装，主要有婚礼服、丧礼服、午后正装、鸡尾酒服、晚礼服、宴会装（演出服、舞会服）等。正装是体现礼仪规范、审美情趣、个人风格、艺术品位的一类服装。

1）婚礼服：婚礼服是新人们在结婚场合穿用的正式服装，新娘服也称为新娘装。一般情况下，现代中国人的婚礼服有欧式和东方式两种。欧式婚礼服通常被称为婚纱，因其大量使用透明的纯白薄纱，象征着天使般的圣洁与真诚。东方式婚礼服多以旗袍为典型形式。丝绸的面料、大红的色彩辅以滚绣串珠和喜庆吉祥的图案装饰，象征着未来的日子红红火火、人财两旺，同时也展现出着装者光彩照人的美好形象。

2）午后正装：午后正装也称下午茶会正装，是一种英国式的贵族休闲装。下午茶习俗由英国维多利亚时代（1840年）的贝德芙公爵夫人发起，是一种招待友人欢聚而衍生出各种礼节的社交茶会。与晚礼服相比，午后正装在优雅端庄中显得轻松、随意，简朴却不寒酸，华丽但不庸俗。

3）商务正装：商务正装是现代职业女性出席商务酒会、商务洽谈会所穿用的礼服，商务酒会礼服比较正式，倾向于晚装但不过于豪华妩媚，也不矫揉造作。通常稍带职业化的神采，强调商务活动中的平等自信。白天的商务酒会一般可以直接运用职业套装加少量配饰如胸针、挂件等形式，比商务会谈时稍显活泼即可。商务洽谈会的正装就是职业套装，穿着者体现着所在公司员工的职业形象。

4）鸡尾酒会装：鸡尾酒会装也称晚会服或晚餐服。它是从傍晚到夜间穿着的盛装。鸡尾酒会是在饭酒之前，一方面饮用混合酒，一方面相互交谈的聚会。在国外从傍晚到夜间的聚会即使不饮用混合酒也称之为鸡尾酒会。在鸡尾酒会上穿着华丽而膨起的连衣裙（裙长一般在踝骨以上、可以有袖子、身体部位不宜暴露过多），以体现高雅、文静、个性的特点，加之常常与时尚而个性化的饰品相搭配来强化整装效果，使得宴会的气氛显得轻松、活泼、浪漫。

5）晚装：晚装也称夜间正式礼服或晚礼服。在社会群体的日常交往中，西方人习惯于在晚间开“派对”，夜生活的概念也由此而来。一般时间越晚，“派对”就越正式，气氛也越隆重。晚礼服集中体现了所有服装的美感，具有高格调雍容华贵的特点，同时，晚礼服最能烘托出着装者成熟、高贵、典雅的精神气质。自法国时装大师伊夫·圣洛朗推出女士裤套晚装后，舒适、简洁、实用、美观的现代晚装风格也已渐渐为人所接受。此后，各种短裙、中长裙、套装、裙裤套装，甚至皮革装、针织装也进入晚礼服的行列，这无疑极大丰富了晚装的内涵，使传统的服装形式形成年轻、活力、灵动的新风貌。

6）舞会装：舞会装源于欧洲的交谊舞会、化装舞会所穿着的服装，舞会装的造型因舞会的类别不同而多有差异，正统的国标交谊舞的女装造型强调女性的体态特征，色彩配置明艳，面料多为闪光、靓丽、飘逸、垂感强的丝绸织物。化装舞会装往往由舞会主办者定出一个舞会主题，参加者根据主题的要求来准备某种特定形象、角色的舞会服装。

2. 男装类产品

从男装产品品种和形式上看，现代主流男装基本秉承了工业文明以来以“简洁”“质朴”为“高雅”的审美理念。洗练的造型喻示着男性从外表到内在，是以阳刚坚毅和敏锐成为男性主流审美取向的标准的。人们常常觉得男装缺乏变化，无论是造型、色彩、材料还是图案、配饰，即使有绝妙的创意，表现起来仍显得谨小慎微，显然，男女装所运用的服饰语言乃至表述方式的确存在一定的差异。但是，在现代社会，男子对时尚的热衷和追求并不亚于女性，这在男子服装产品的丰富和多样方面中体现得非常清晰。

男子的日常服装主要有内衣、衬衫、裤子、牛仔装、休闲装、运动装、套装、外套、针织毛衫等。

（1）男子内衣。男子内衣以保暖内衣、背心、内裤为基本品种。与女内衣一样，男内衣也可以分为普通内衣、矫形内衣和装饰内衣三大类。

（2）男衬衫。衬衫的名称据说是从“WHITE SHIRT”转化而来的，是生活中广泛穿着的一类服装。男衬衫因适用不同功用、不同场合，而在面料、图案、色彩、装饰和款式风格上有所不同。男衬衫可以分为礼服衬衫、日常衬衫、便装衬衫等。

（3）男裤。世界上许多地方虽仍保留着男子穿裙的习俗，而且流行风潮在强求突变时也会以此来标榜时尚和前卫，但从主流社会的接受程度来看，裤子依然是男子下装的固定形式。男裤的种类很多，由于穿着时间、场合、功能、目的的不同，裤子的造型和结构变化非常丰富，大致可以分为普通型、适体型、宽松型三类。

（4）男子套装。男子套装是为适合日常生活、外出和商务办公穿用的西服套装。典型的男子日常套装是用相同面料作成上衣、背心、裤子的三件套或上衣、裤子的二件套格式。男子西服套装主要以英国绅士正装为基础。从它诞生到现在的200多年间，似乎一直在不断承传和流行，不断受到不同时代、国度人们的喜爱并日臻完善。

男子运动套装的款式与西服套装的形式基本一致，是融实用性、趣味性于一体的日常服装。适用于观摩或参加一些运动时所穿。除了针对竞技项目的特定设计外，也有作为运动团体成员穿着的服装，也适用于外出旅游、郊外散步。在这类服装设计中常常会选用特别显眼的色调和面料，胸部佩有所属团队或俱乐部的徽章标志以及金属扣饰，常与法兰绒衬衣或针织毛衫搭配，展现轻松、洒脱的着装效果。

（5）男子外套。男子外套源于亚洲北部，13世纪时由蒙古帝国流入欧洲后，外套的造型、结构发展得很快，至19世纪出现了现代大衣的各种款式。作为男子穿在最外层的服装，外套具有显著的防风雨、挡严寒的功能。传统的男子外套多根据不同场合来确定穿用的品种，如潇洒帅气的都市外套、暖和实用的旅游外套、精干轻便的骑猎外套、庄重稳健的晚装外套等。由于现代社会生活方式的变化，男子外套根据其适应季节的功用而分为冬季的大衣、羽绒服和春秋季的风衣两大类。

3. 童装类

（1）婴童装。0～3岁婴幼儿装也被业内称为“小童装”或“婴童装”。婴儿指从出生到1周岁这段时间，1～3岁为幼儿期。婴幼儿的生长发育最为旺盛，出生3个月内身高可增加近10厘米，到一周岁时身高将增加1.5倍，体重增加3倍。同时婴幼儿的活动量也逐渐增加，翻身、爬坐、站立直到能独立行走。

常用的婴幼儿服装一般无性别差异，可以分为罩衫、连衣裤、睡袍、睡袋、斗篷等。罩衫和围兜可以防止婴幼儿的唾液与食物污染衣服，具有清洁卫生的作用；连衣裤穿脱方便、舒适自如；睡袋、睡袍、斗篷保暖好，也便于更换尿布，很适合婴幼儿的生活习性。

（2）中童装。3～8岁为中童期，这一时期的孩子体重和身高都在迅速成长，学走路、学说话、具有了一定的模仿能力，对一些简单突出醒目的色彩和事物尤为注意。一般地，幼儿在四岁前，身高会超过100 cm，达到出生时的两倍，体形特点是挺胸、凸肚、窄臀、四肢短、上下呈纺锤形。

幼儿装可以分为男女幼儿穿的连衣裙、连衣裤、背带裤、背带裙、罩衫、背心、夹克、大衣、斗篷等种类。

（3）大童装。8岁以上为学龄期，8～13岁为小学阶段，随着生长速度的减慢，身高达到头长的6～6.5倍，体形逐渐匀称起来，凸肚消失、腰身显露、腿也变得细而长，这时期孩子的运动机能和智力发展最显著，频繁的群体生活使孩子的活动范围从家庭转向学校，逐渐脱离幼稚感而产生一定的想象力和判断力，大部分孩子的性格也会变得越来越活跃。学龄期的日常装大多为学校的制服，因此，一般以组合设计的上装、背心、夹克、长裤、裙子等产品形式为主。

二、服装产品的结构实例

在男装、女装和童装这三个服装类别下，根据着装人群、着装功能、着装层次甚至面料类型等因素可以再次细分出众多产品类别和具体品种。

1. 女装产品的结构实例

模拟设计：2010—2011年春夏“AGNES”品牌女装产品结构图例（见图4—7）。

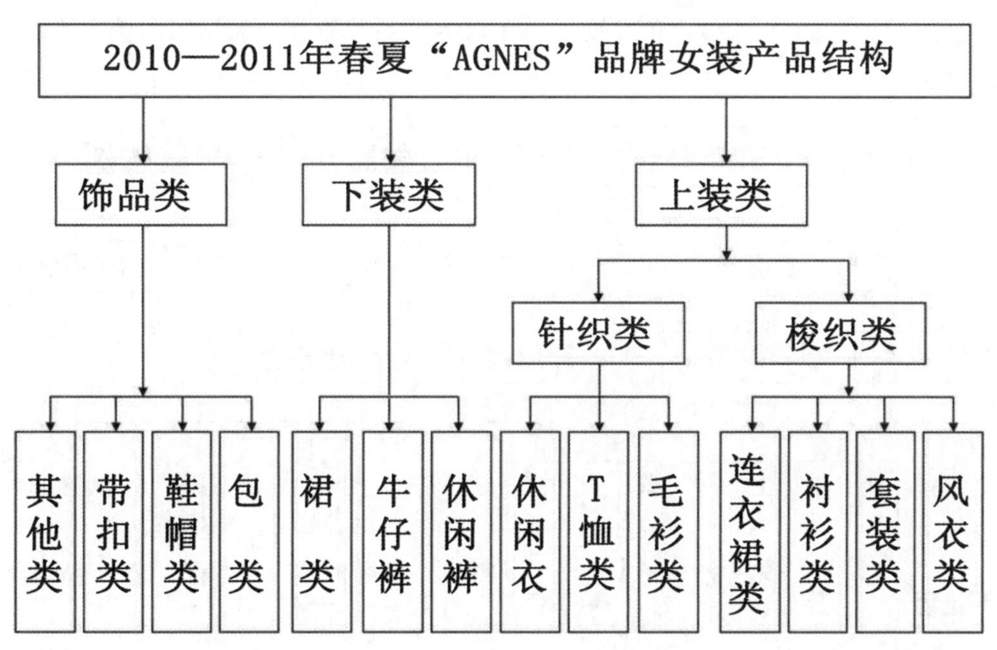

图4—7　女装产品结构图例

2. 男装产品的结构实例

模拟设计：2010—2011年春夏“CAMPHOR”品牌男装产品结构图例（见图

4—8）。

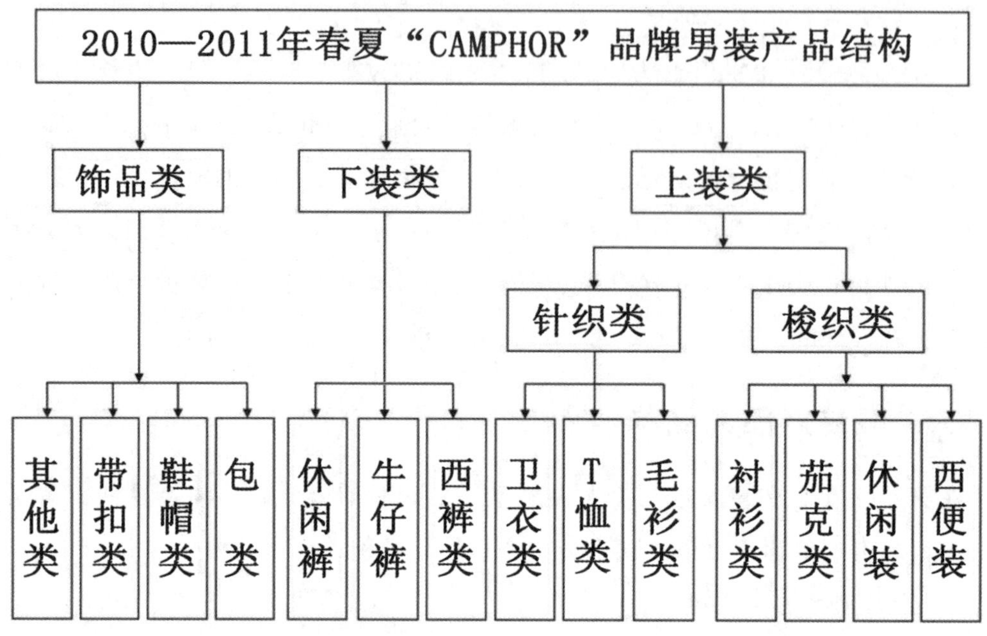

图4—8　男装产品结构图例

3. 童装产品的结构实例

模拟设计：2010—2011年春夏“LYTTON”品牌童装产品结构图例（见图4—9）。

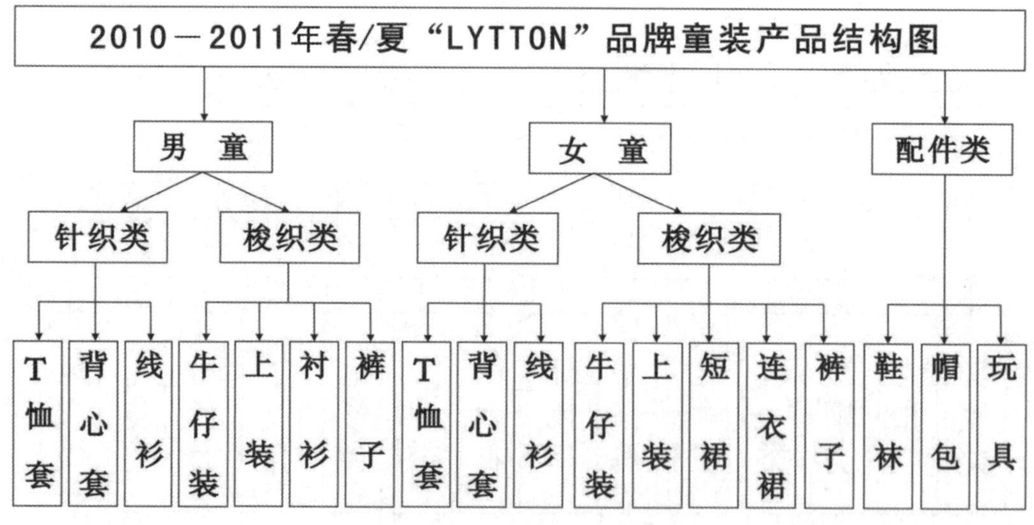

图4—9　童装产品结构图例

课后练习

1. 调研一家品牌服装企业，记录其品牌运作机构，详细图绘出机构之间的隶属关系。

2. 调研一家品牌服装企业，听取企业管理者讲述该品牌的运作方案并实时记录。

3. 开展一次综合性市场调研与分析，包括原材料市场、商场、目标消费者等。

4. 根据服装品牌的类别、命名的原则和方法，模拟设计3个品牌名称，包括男装、女装和童装，并按注册商标的要求模拟制作。

5. 设计男、女、童三类品牌的产品结构各一组。

第五章　服装品牌的商品企划

学习目标：

1. 了解服装商品企划中服装产品的号型、规格与造型设计的关系
2. 掌握采样、试样、检测、定样的程序
3. 熟悉生产计划的制定以及画册制作、发布展示与广告宣传的一般方法

服装品牌策划的目的是为了将新一季整盘产品完整地推向市场而成为服装商品，现代服装品牌的商品企划有一整套系统而科学的实施流程。除了在前期（新品牌）策划阶段对流行资讯的收集与整理，对市场需求、目标消费群、销售渠道、生产资源、竞争对手的评估之外，还需要在服装的生产前准备、样衣试制、组织展会等多个方面展开工作，为服装品牌的营销与管理做好准备。

第一节　服装产品的号型、规格与造型设计

服装的号型是人体的净体尺寸，服装的规格则是在号型基础上设计的服装产品的尺寸。因此，服装号型是服装产品设计的基础，服装规格是决定服装造型设计的依据。所以，时装设计大师巴伦·夏加（Cristobal Balenciaga）认为，服装设计实质是尺寸的设计，服装的造型变化取决于尺寸的变化。

一、服装产品的号型与规格

正所谓"量体裁衣"，服装商品是根据一定的号型标准，设置规格后计划生产的，由于人种体形的差异，各个国家所采用的号型尺码标准不同，我国的服装号型系列根据人体体形分为四类，分别是Y、A、B、C，经过多次修订，现已日趋成熟，基本能够覆盖大部分的消费人群。

市场定位决定了服装品牌产品必须根据目标消费群的体形特征选择号型系列，并以此为依据设定符合人体功能和流行时尚的放松量，形成符合审美取向的服装产品规格系列，从而有效地展开产品设计。

1. 影响体型差异的因素

品牌的市场定位不同，消费群体也不同，而消费群体之间往往存在体形上的差异。主要有：

（1）性别导致的体形差异：男、女体形有别。

（2）人种导致的体形差异：人种基因遗传体形有别。

（3）年龄导致的体形差异：儿童、少年、青年、中年、老年体形有别。

（4）区域气候的导致体形差异：区域性环境气候影响生长发育后体形有别。

（5）职业要求导致的体形差异：职业要求影响的体形有别。

（6）生活方式导致的体形差异：生活条件和生活方式影响的体形有别。

（7）流行因素导致的体形差异：时尚的审美取向影响的体形有别。

（8）其他因素导致的体形差异：其他因素导致的体形有别。

2. 号型选择与规格设定实例

以不同品牌男西服产品“A”类体形的号型选择与规格设定为例进行比较，可以清楚地反映出各品牌所选号型、所设定规格尺寸存在的差异（见表5—1）。

表5—1　不同品牌男西服产品号型与规格的差异

cm

号型（品牌一）		165/84A	170/88A	175/92A	180/96A	185/100A
号型（品牌二）		165/88A	170/92A	175/96A	180/96A	185/100A
胸围规格	（品牌一）	96	100	104	108	112
	（品牌二）	100	102	104	106	110
肩宽规格	（品牌一）	44	46	47	48	48
	（品牌二）	45	46.5	47	47.5	48
衣长规格	（品牌一）	70	72	74	76	78
	（品牌二）	71.5	73	75	77	79
袖长规格	（品牌一）	57	59	60	63	66
	（品牌二）	57	59	60	63	66
裤长规格	（品牌一）	108	110	112	116	120
	（品牌二）	109	111	113	118	122
腰围规格	（品牌一）	78	81	84	88	92
	（品牌二）	76	80	84	88	92
臀围规格	（品牌一）	102	106	110	116	120
	（品牌二）	100	104	108	112	116

例如：××品牌男西服定位于高档消费群体，体形大多覆盖于40～65岁成功男士，这一人群多数已经或即将步入中老年，体形肥胖发福者居多，产品的号型必然应选择胸腰差量较小的B类或C类号型，并在此基础上设定服装的规格。另一品牌定位于年轻消费群体，体形覆盖于20～35岁的青年男士，这一人群多数体形偏瘦或处于标准状态，因此，产品的号型必然应选择胸腰差量比较标准的A类号型，并在此基础上设定服装的规格。

即使是同一品牌所开发的不同产品系列，其选择的号型系列和规格设定也存在较大的差异，例如，同一品牌同一季产品中的“经典正装系列”和“时尚休闲系列”就可能大不相同。因此，选择号型、设定规格要根据消费群的体形特征、流行时尚、款式要求以及服装色彩的视觉效应等因素综合考量。

二、产品的主题与款式系列

产品的主题是流行时尚意境图的语汇，是蕴涵时尚故事和流行风格的文字性归纳和解析，是扩展款式系列的凭借和灵感来源。

总主题：冥想无疆

主题一 游荡在自我与矫情之间

主题二 装扮老贵族

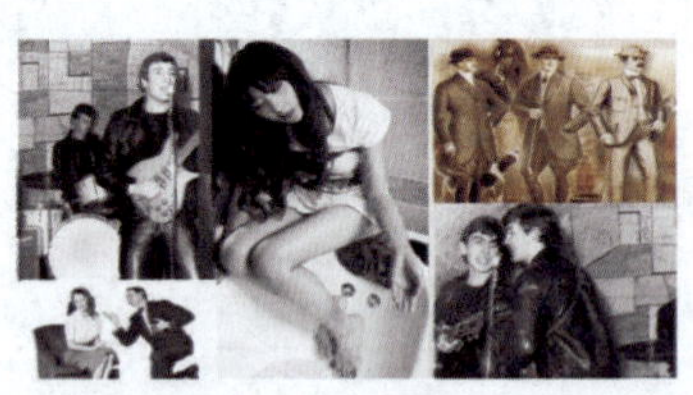

主题三 幻觉丹宁意象

主题四 锈蚀的乡村

图5—1 品牌的季节主题系列实例

1. 季节主题与款式系列

现代服装是工业化的产物，是通过现代消费市场实现其价值的实用商品。在个性时尚逐渐成为潮流并被越来越多的普通民众所参与的时代，要解决工业化生产的共性化与流行时尚与市场需求的个性化之间的矛盾，以不同主题为引领的系列化的款式构成方式是有效解决这一问题的优选途径（见图5—1）。

服装品牌单季产品的推出一般按照主题来区分风格和个性，并以此来适应品牌所定位目标消费者的不同喜好，可以说，不同的主题象征着不同的风格审美取向，而主题之下的款式系列化设计就是为了解决消费者对服装的个性需求与工业化大批量生产之间矛盾的一种进一步的细分的产品设计方法，直至递进到色彩、面料的多样搭配，从而使某一品牌为消费者提供了尽可能多的消费选择（见图5—2）。

图5—2　品牌的主题系列与款式系列构成实例

2. 款式系列设计的方法

某一主题引领下构成款式系列化的设计方法可以分为以下几种：

（1）同款异色的系列构成。同款异色的系列构成还包括同款异料和同款异图案等构成手法，指运用相同的款式上替换不同的色彩、面料、图案和装饰构成不同的视觉效果，为广大消费者的个性喜好提供进行多种选择，以此来提高市场占有率。同款异色或同款异料在生产工艺上无须调整，成本最低而又能迎合消费需求，因此被广泛运用在各类男女休闲装、运动装、内衣、套装、外套和童装中。同款异色的系列设计手法在夏装T恤、衬衫等普通的日常服装中的尤为突出，相当程度上提高了普通服装的视觉冲击力，通过市场调研可以看到，大多数休闲类、运动类的经典展柜设计中的色彩陈列法就是以同款异色的方式成系列推出的（见图5—3）。

图5—3　同款异色的系列构成

（2）基型扩展的系列构成。在商品企划过程中，服装系列的构成通常可以依据品牌定位下的基础型来进行扩展，即根据基础造型扩展服装的产品系列。服装的基础造型是指对应于本品牌服装风格的基础廓型以及基本的结构方式，如一些职业正装品牌常以适体的轮廓，对称的纵向曲线分割结构来塑造其基本型，以体现端庄稳重、高雅简洁又不失女性柔美的服装风格。如果基本型以服装的形式出现，这类服装被称为基本款型。与基本色一样，服装的基本款型是维持某一品牌独特风格和个性神韵的基础形式，而其他款式则通常是在此基础上将流行时尚的各种元素通过相应的设计手法扩展、重构、组合、衍生的结果（见图5—4）。

图5—4　基型扩展的系列构成

（3）组合衍生的系列构成。组合衍生是指根据流行元素和市场反馈的信息合理组合、搭配、调整，衍生出系列产品的构成方法。大部分服装是人们的日常生活装，对服装的品牌企业来说，最经济的产品开发过程就是对流行时尚和常规产品的组合衍生，同时，这种方式正好契合了人们接受流行时尚的渐次心理。各高级时装品牌以及流行拓展机构每年都在推出流行趋势，这种世界范围的行业导向对大多数企业而言就是一种引领信息，企业根据自己的品牌定位和产销资源在选择、接受、消化、吸收这些信息之后所进行的有针对性的开发工作，大多以这种流行元素的组合或常规经典款式的衍生方式展开设计开发工作，这不仅大大降低了大量前期的开发和大幅度调整生产的成本，而且一定程度上构成了由行业导向引领的、企业自发的、无意识的集约行为，从而加速流行趋势和时尚潮流的推广（见图5—5）。

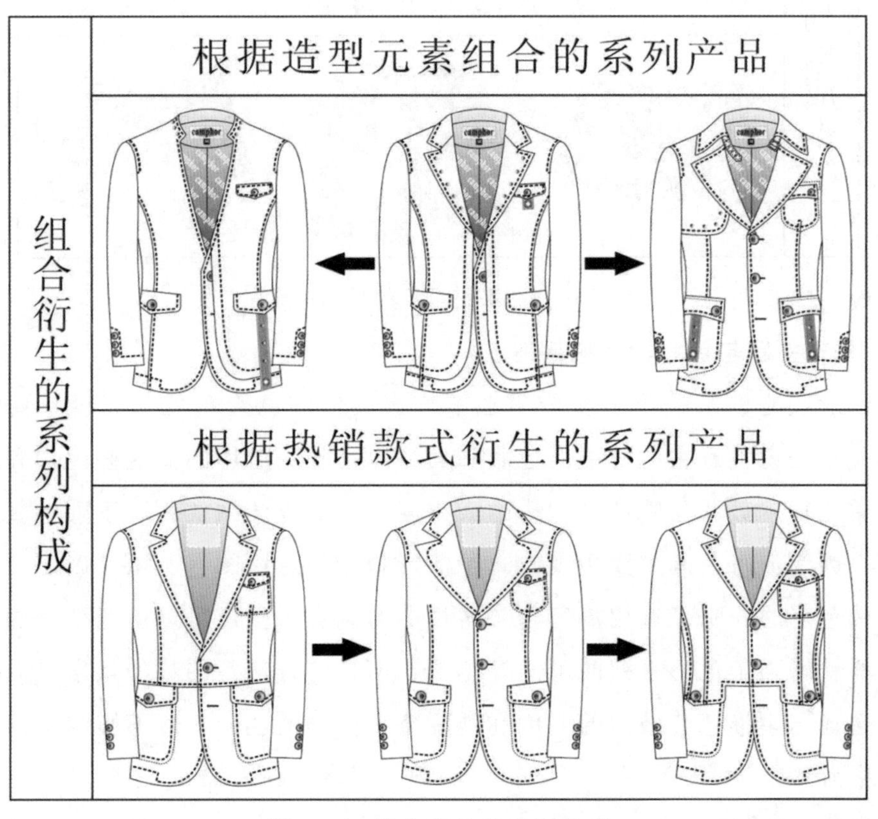

图5—5　组合衍生的系列构成

（4）采集重构的系列构成。采集重构的系列构成是指采用各种服装元素打散重构而形成的多种组合方案。服装元素可以是色彩、面料和图案；也可以是轮廓、结构和细节；更可以是装饰配件和穿着方式。因此，一般来说，设计开发中所采集的服装元素的范围是无限的，而要构成系列产品的风格则应该是确定和统一的（符合品牌产品的风格定位）。采集重构的常规的做法是，采取一两种服装元素为主与其他辅助元素进行不同的组合，构成一组产品系列，要避免主体元素过多、组合过于复杂而产生的凌乱不堪以及风格变异的现象（见图5—6）。

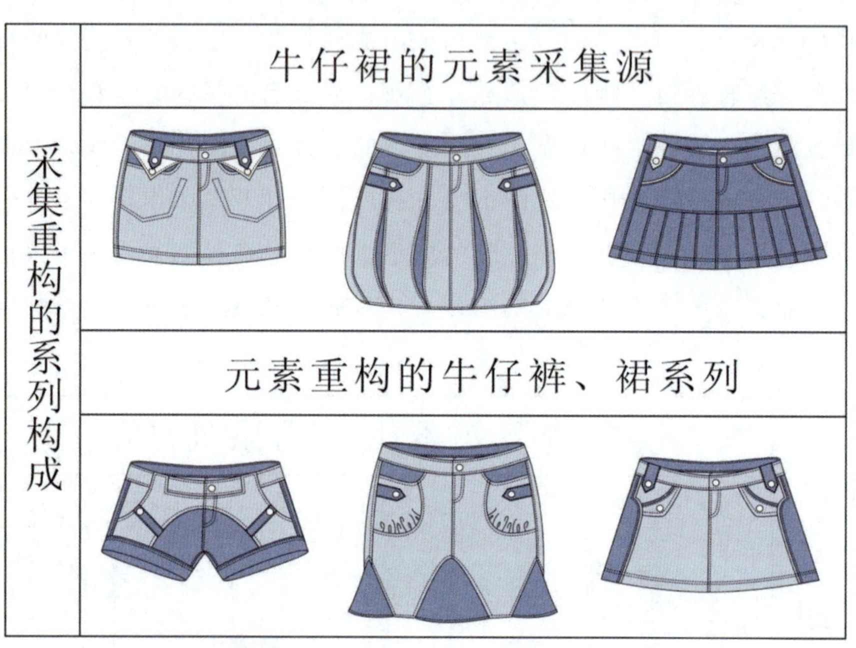

图5—6 采集重构的系列构成

3. 季节主题与色彩、面料系列

品牌所确定的某一季节多个主题下均有具体的色彩系列、面料系列作为支撑。但并不是说唯有主题之下的色彩和面料才是唯一可用的，这些色彩和面料只是预示着流行趋势和品牌产品风格的大方向，是单季产品群款式系列中应用的重点内容。因为流行色的主要呈现方式是流行趋势的意境图，所以，确定可用于产品系列的色彩时，除了选用流行趋势所推广的色彩外，还可以从意境图内另选色彩，这样就增强了色彩系列的可选择范围，而且符合流行趋势的风格取向。一般方法是选择与主推色色域内的明度和纯度略有差异的色彩，以不影响整盘货品的整体风格为宜。

面料的选用同样如此，季节主题所推出的面料主要呈现的是流行趋势，带有明显的个性风格特征，通过对材质的强调和夸张使之成为意境图内重点表现的对象（见图5—7）。但事实上一些常规产品的面料选定并不受其影响，只是在色彩和成品的后整理效果上融入流行元素，如水洗、成衣染色等。

图5—7　季节主题与色彩、面料系列

4．流行元素的解读与表现

流行元素是某些行会组织、信息机构以及独立设计师或艺术家发布的时尚资讯，流行元素的形式非常丰富，可以是色彩、形状、材质，也可以是音乐、语言以及其集合。解读流行元素是品牌产品研发之前产品企划会议的重要议题之一。

（1）解读来自国际流行预测与推广机构的流行元素。国际流行色协会、国际色彩权威、国际纤维协会、法国巴黎PV织物博览会、德国法兰克福衣料博览会、国际羊毛局、国际棉业协会一般提前1～2年推出流行色彩、纱线和纺织品的预测。一些世界级的大公司：杜邦、拜尔、蓝精、阿考迪司、美国棉花公司、赫斯特等也发布流行色。各品牌可根据自身需求综合考量，合理选定。

（2）解读来自发布会的流行元素。通过收集法国巴黎、意大利米兰、英国伦敦、日本东京、德国慕尼黑、中国香港、美国纽约、德国法兰克福等著名的世界时装之都的高级时装及奢侈品、高级成衣、流行成衣、服装面辅料、服饰配件等流行信息发布会的资料，根据发布会重点推出的流行时尚元素，结合品牌自身的风格定位，组织设计团队按照产品线路进行筛选。

（3）解读来自市场调研的流行元素。市场调研主要针对目标市场而展开，有市场调研中获得的流行元素大部分是正处于流行高潮期的盛行元素，少部分则是不同流行走向的处于始发阶段的流行元素，这部分流行元素才是最有价值的，往往预示着下一季流行的开端。

（4）解读来自原创设计师或艺术家的创意作品。服装产品既要符合商品的实用与流通功能，同时也必须具备艺术美的创意，因此，一些凝聚创意智慧和超现实审美情调的原创设计师、艺术家的作品，以及民族、民间传统艺术往往可以成为设计师进行产品设计的灵感源，从中衍化出的造型元素带有超越时空的感染力，能够一定程度地强化品牌产品的品位和个性。

流行元素的表达方法是将收集的流行元素运用形式美法则进行分类、组合、加减、替换、增大或缩小、强化或减弱等构成方面的处理。

流行元素从解读到表达，则是一个对造型展开抽象和对形式进行转化的过程，需要通过服装产品设计师根据品牌自身的风格定位，按类别、分方向、有针对性地展开。一般来说，种类和风格有差异的服装之间、元素之间的互动作用并不一样，例如，高级晚礼服发布会所推广的流行元素对运动装而言几乎没有太大的价值，然而运动装发布会的流行元素有时却被用于晚礼服的设计中。因此要根据具体情况而定，不能生搬硬套。

第二节　采样、试样、检测、定样

采样、试样、检测和定样是产品开发程序中不可缺少的环节，采样是产品原材料的采集，试样是产品初样的成型，检测是品质保障，而定样则是该样品能否进入生产环节成为产品；进入营销环节成为商品的中期判断。

一、款式系列面辅料的采样

根据产品款式系列样稿，选取合适的面料是进入实质产品打样阶段的关键，特定的款式选特定的面料并配以合适的辅料需要设计师推敲一番。

采样的渠道主要有以下几个：

1. 流行面辅料展览会。如法国巴黎PV织物博览会、德国法兰克福衣料博览会、国内各大服装展览会等。

2. 国内外面辅料供应商提供的新一季流行面辅料样本样品。

3. 国内外各面辅料批发市场订货样品。

4. 企业自主开发的面辅料样品。

首先，设计师选样定稿并不一定限于图稿，对买手制设计师来说，更多的样款就是成衣实样，那么是否更换面辅料？更换什么样的面辅料？面辅料中的时尚感要达到什么程度？消费者接受程度如何？这些现实问题对于将来的新产品销量显得很关键。

其次，公司企划部和设计团队还要考虑目前所掌握的面辅料信息和现有面辅料供应商所提供的样品是否合拍？新采样品成本、品质保障与生产周期如何？可替代的面辅料资源和获取渠道有哪些？

最后，面辅料的检测非常关键，各类检测指标都应在国家控制合格标准范围以内。一般情况下，要检测的服装面辅材料分成三类：

A类：面布、里布、棉（绗缝）等；

B类：衬布（粘衬布/纸）、拉链、螺纹针织（下摆、领口、袖口）、铁扣等；

C类：包装袋、商标、洗水标、合格证、织带、松紧带、纽扣等。

检测时按照：品种、检验项目、检测方法、抽样说明、面辅料检测规格等进行合格范围的判定。

二、款式系列的试样

款式系列的试样就是根据款式图稿或成衣实样，按照设计师的试样说明（要求）进行的样衣试制工作，是服装产品设计中以完整实物形式展现构思风格、创意特征的重要环节。这时，服装造型中如果仍存在未可预见的款型风格、结构分割、色彩搭配、面辅料搭配、与其他款型的搭配等方面的问题，就可以通过样衣试制的程序来解决直至最后确认（是否可行）。所以样衣试制是检测设计图可行性、结构图合理性、材料与工艺方法协调性的重要手段。只有经过试制获得成功并得到设计师与企划主管认可的、经成本核算有利可图的样品，才会被允许投入生产，最终成为市场上的商品。

样衣试制是将抽象的设计构思转变成直观的实物的过程，样衣试制工作的流程是：

1. 款式图稿或成衣实样交板房绘制样板（初样打板）。

2. 设计师与板房主管确定该款式的打板时间（设计师按时跟进）。

3. 设计师与样衣师沟通，及时跟进该款式的制作。

4. 完成初样，试衣模特试穿，设计总监、设计师、板房主管、打板师、样衣师等共同探讨，发表修改意见，由设计师负责跟进样衣的修改直至完成，样衣试制过程结束。

三、款式系列的定样

1. 定样会

定样会是指由品牌副总经理主持，营销总监、设计总监、技术总监等共同对试制完成的样衣系列做出审定，确定是否可以进入品牌新一季产品系列的订货会。

2. 订货会

提前一季，由品牌公司组织举办下一季产品的订货会，参加人除公司人员外，还应有各大区域品牌代理商、大经销商、客户代表；各产品系列加工企业负责人，核价人等。

3. 组织竞价

品牌公司将代理商、大经销商、客户代表初步选定的款式系列样品和数量（见表5—2）送交由加工企业负责人，核价人参加的定样会进行竞价（见表5—3），在此基础上加入品牌公司核定的成本和利润之后再次送交各代理商、大经销商、客户代表进行产品价格和数量的确认，有些产品会因为价格的原因被取消，有些则数量猛增，但品牌公司必须根据自身的定位和既定的商品企划方案进行调整、搭配，做好与产、销各方的沟通工作。

表5—2 经销商用产品系列订货单

品名（款式系列名称）	款号	色号	码号	单价	订货数量	订货地区	订货人	备注
								修改意见

表5—3　生产加工企业用产品竞价单

品名（款式系列名称）	款号	色号	码号	供货报价	供货数量	供货时间	供货企业	供货人

最后公司要在各客户所订产品的数量上增加20%～30%的预留量，按照加盟代理的契约收取定金，同时将生产单和面辅料费、加工费等定金发到相关的生产企业。

第三节　生产计划的拟订

生产计划是根据上货计划而拟定的，其中生产计划中产品先后程序还关系到流动资金的使用和分配。所以，一般依据货品的产量进行配比，款式与号型尺码进行配比，同时要在生产进度中详细说明。

一、货品的产量配比

品牌企业针对目标市场对货品进行合理的产量配比目的在于防止或减少库存。产品是否畅销有时并不是产品优劣所致，而是涉及很多因素。品牌企业的商品企划部正是针对解决这一问题而设置的，企划部的工作目标是科学调度企业资源，合理配比货品，全程掌控商品，力求将库存的风险降到最低。

1. 单店配比

（1）从单店的货品陈列入手，根据店堂的营业面积，挂衣通展柜、展台的数量，陈列货品的数量，设计陈列在店堂内服装的款式组合，由此确定单店的基本款式数量；

（2）按照店堂内的款式组合，根据区域市场需求（预计），规划出新品铺货量，并在店堂铺货量基础上，根据特定区域市场消费特征对每个款式进行尺码配比，逐一计算出单款的备货量。

（3）单店的备货量并不是按照单店款式数乘以每款备货数的方法简单计算出来的，而要按照"形象产品""畅销产品""长销产品"和"促销产品"进行配置。一般情况下，定位于都市休闲装的品牌，单店常规产品每款可以备5手（全码为一手，一手3～5件）；"畅销产品"每款可以备10～20手；"促销产品"则要按照品牌公司的促销活动来计算铺货量；而"形象产品"每款备1手即可。

2. 整体规划

（1）将各区域市场按照消费能力进行分类（A类、B类、C类），分别统计各类市场中的店铺数量，店铺面积，以及对高、中、低各档次所需的款式量和备货量。

（2）企划部门需要根据"形象产品""畅销产品""长销产品"和"促销产品"分类规划出公司的首期备货量。一般情况下，企业"长销产品"的预留量是分销网点铺货量的20%～30%，"促销产品"大多是一些库存商品，按照库存情况直接列入规划即可。

（3）按照首期上货计划可以计算出首期款式数量、生产数量和首期备货所需的资金量；根据季节规划的后续新款的上市时间、波段、款式数、货品量，可以逐项累计出整个新一季整盘货品所需的款式总量、生产总量和资金总量。

二、款式与号型尺码的配比

品牌所针对的目标消费群体决定了号型和尺码的配比关系，而且品牌的产品结构与此也有密切关系，加上季节性的产品对号型和尺码的忽略等因素均有影响。

1. 根据款式要求配比

我们经常遇到某些款式只有3个尺码，而有些款式则有5个尺码，或者标同样号型的款式尺码差异很大这样一些问题。事实上，除了尾货清仓的缺色断码，这是品牌公司调整设置款式和号型配比的一种方式，如有些产品的码数就不必设置很多，这就是所谓的"均码"。

2. 根据体形分类等因素配比

众所周知，中国幅员辽阔，南北东西人体号型差异很大，有些地区的新品款式只需要3个尺码，而有些地区则要5个尺码；东北市场明显要比华南市场加大一个尺码。而且每个品牌所定位的年龄段也均有一定的跨度，并且由于服装产品所属的主题风格不同，款式与款式之间也存在定位和风格的差异，例如，上班用的经典款与休闲用的时尚款所针对的人群场合就不同，而经典款可能号型齐全尺码适中，时尚款虽只有3个尺码但适穿度却很大（体形覆盖率高）。另外，随季节变化的前后上货波段分别推出的款式更不可能相同。

上述款式与号型尺码的配比因素影响着新一季产品的款式数和生产量，均要通过企划方案中并落实在生产计划拟订过程中。

三、生产进度说明

品牌产品企划中必须对定盘产品进入生产流程及进度做出说明，便于生产环节的控制和管理，目的是使分散的生产流程前后贯通，有效链接，不脱节，不误期，从而降低成本，提高效率。

1. 订单要求

根据客户订单与本品牌企划方案拟订生产计划，在平衡产品的物料供应和资金能力的基础上，将计划内各周期需提供的产品种类、数量，落实为详细而周密的生产进度计划。

2. 生产进度

根据生产进度计划拟订物料需求计划，按照物料清单，把总的产品数量转换成所需的面辅材料数量，并对照现有的库存，分门别类地安排采购品种、数量、加工企业和交货时间。

3. 标准与规范

安排专人跟踪外发产品订单，按照技术研发部门所制订的产品质量标准实施样品控制、物料控制，产品质量控制，交货时间控制及其他与产品生产相关的协调事务，例如，帮助买手制设计师征样、采样、送样以及为营销部门提供相关信息等工作。

第四节　制作画册、发布展示与广告宣传

服装品牌商品的推广途径和手段很多，制作画册、发布展示与广告宣传是其中的常规工作，目标是通过更新目标消费群体的视觉感受而增强品牌影响力，最终促进商品销售。

一、服装品牌画册的设计制作

服装品牌的画册属于广告宣传品之列，是品牌形象的一种包装，作为一种营销宣传的手段，画册是品牌和产品推向市场的一张名片。服装品牌画册设计应具备流行时尚、视觉新颖、解说产品、推广品牌（企业）的特点。品牌企划中所需服装画册包括宣传推广类画册和产品搭配指导画册，产品搭配指导画册是指导服装门店商品陈列挂样用的画册，只需清晰、真实地反映服装搭配意图即可。但宣传画册则有着多个方面的要求。

1. 服装品牌画册设计的要求

（1）时尚理念。突显品牌标志、产品的流行时尚风格、理念，直观化解读画册，解决的是品牌与产品的个性特色与时尚感问题。

（2）视觉审美。即造型审美元素，包括点、线、面、材质以及图形与画册本身的形状、风格、比例、色彩等，解决的是画册形式美问题。

（3）构成方法。指视觉元素的组织、排列所构成位置、方向、重心、强弱、疏密等关系元素，解决的是画册品质的问题。

（4）功能性。指画册内标志、图片、文字的含义、内容、目的和功能，要做到品牌产品的亮点突出，图文内容层次清晰，解决的是品牌产品的宣传和使用说明问题。

2. 画册设计的流程与方法

服装画册设计成功与否很大程度上取决于理念是否准确，考虑是否完善。完美的设计永无止境，同时设计画册则需要正确的流程与方法。

（1）设计前期。首先，从熟悉品牌的市场定位与文化入手，对目标消费群的审美取向，包括图文形式、色彩与装帧的喜好等有完整的了解。

其次，熟悉本季品牌产品所要表现的总体风格和系列的主题特征，掌握品牌本季重点推出的特色款、经典款、畅销款及其搭配组合形式。同时，熟悉设计师的产品搭配意图，完整表现服装产品的搭配方案（设计部、企划部提供方案）。

（2）设计中期。首先，要善于调动视觉元素，利用色、形、质营造出信息语汇的感染力。

其次，宣传画册的设计立意要根据流行时尚而创新，并且准确传达出新一季服装产品的个性特征。

最后，要与宣传推广活动的途径、方式、手段相融合，避免生硬感和冲突感。

（3）设计后期。跟踪画册出样过程，检查修正画册页面、标志、文字、色彩、图片可能出现的错、反、叠、乱、破、糊、缺等现象。

（4）画册设计中形式美的构成手法

1）点线面组合法：点线组合、线面组合、线组合、点线面综合等。

2）粗细线组合法：粗细组合、细线组合、规则组合、渐变组合、曲线组合。

3）软硬线组合法：根据长短、方圆、曲直、断续、转折、凹凸等形式组合。

4）虚实形表现法：正形与负形相互反衬、交叠、错位等形式组合。

5）分割组合法：根据比例、聚散、疏密、节奏、均衡、强调等形式组合。

6）投影表现法：不同空间量设置的表现。

7）肌理表现法：各种材质与肌理的粗、细、光、涩等效果的表现。

8）情感表现法：不同风格取向的审美情感表现。如激情、另类、女性化等。

9）变形表现法：超越感的夸张手法，局部、整体或类比变形等表现。

10)变异表现法：运用抽象，从形变的异化中进行创意表现。

二、新产品的发布与展示

新产品的发布与展示指的是品牌企业或商家通过动态发布会和静态展示会推广其产品（或商品）的一种手段。动态发布注重整体的感染力和轰动效果；静态展示则特别注重产品的细节和品质。

1. 新产品发布会的作用

（1）宣传品牌。提高服装品牌的附加值重点就在于树立品牌形象，而品牌形象需要不断宣传、推广、加深公众记忆才能获得。品牌企业的新产品发布会就是一个向消费者，向社会公众宣传品牌的很好机会。

（2）展示产品。通过新产品发布会可以向业界告知某一品牌新产品的相关信息，如服装产品的专利信息等。还能充分展示新款服装的新风格、新造型、新面料和新功能，体现新的审美个性和流行趋向，从而吸引客户，签下订单。

（3）获得订单。举办新产品发布与展示会的目的就是获得签约加盟商和订单，签约加盟商多少意味着新产品市场拓展的广度和速度，订单多少则反映产品被市场认可的程度。

（4）占领市场。新产品发布与展示会还是占领市场的攻略，一方面是企业实力和品牌影响力的体现，另一方面也是对产品在市场中的适应度检验。要检验一种服装产品是否具有占领市场的能力，在某种程度上是非常容易，也是非常迅速的，其中宣传、展示与推广是不可或缺的。

2. 新产品发布会的组织

（1）会务组。新产品发布会一般由公司负责营销的副总牵头，组织协调企划、营销、设计研发的、生产计划及财务等部门派出相关人员组成会务组，便于各部门快速反应。

（2）邀请客户。会务组相关人员按照区域市场分别邀请签约经销商和代理商等客户按约定日期参会，告知日程安排，确定客户到会人数等。

（3）联系会展公司。展会的档次、场地、风格、形式、模特、展具等直接影响展会效果，应提前与会展公司协商确定相关事宜。

（4）展示产品。服装新产品发布会一般是动态展示，静态订货，先静态后动态；也可以先动态后静态；形展示形式以充分体现产品特色，吸引客户下订单为目的。

（5）收发、汇总、反馈订单。进入展示会前，服务人员按区域分发客户预订单资料，会后及时收取报营销部进行汇总，并将反馈的款号、数量分别报企划部、设计研发部、财务部、生产部进行归并款式、整理数据、提取设计技术资料、核价报价、预算一期资金、接洽加工厂等工作，期间还需与客户再沟通，最终确定产品的款式数量和计划货量。

3. 新产品发布会的程序

（1）会展选址。会展可以选在本公司所在地、省会或直辖市，也可以选在国外，企业可以单独举办或联合会展机构参与大型博览会。发布展示的地点可以是公司陈列展示厅、高档宾馆、会展中心或其他与品牌定位、主题风格合拍的场所。

（2）场地布置。根据品牌定位、新一季所要推出的流行主题和风格，按照产品款式系列的不同特点进行场地设计布置，动态展示营造情景式的审美取向和生活方式，静态展示一般模拟某一上货波段的典型卖场形象。

（3）产品陈列。产品陈列要做到：品牌定位明确，产品亮点突出，文化内涵丰富，风格个性十足，陈列层次分明，架构形式不俗，色彩组合鲜明，文字图形解说。

（4）客服组织。展会客服人员要进行专业培训并挑选能与客户积极沟通，反应敏锐，办事效率较高的工作人员，以推广品牌文化内涵，解析产品的功能，多争取订单。

三、媒体选择与广告宣传

21世纪是多种媒介共生共荣的时代，不同的媒介会在信息传播过程中起到不同的作用，并会拥有一批特定媒介的忠实使用者。对服装企业来说，通过宣传推广打造服装品牌，是产品顺利进入市场最有效的手段。

1. 媒体的选择

服装是一种随季节和流行时尚不断更新换代的产品，要持续服装品牌的影响力就必须不断宣传品牌的文化理念、消费定位、个性风格、产品品质以及服务特色等。通过媒体广告使消费者了解产品，为品牌创造产品销售的机会，并能逐渐形成消费者第一消费的反射效应。

根据传播渠道，广告媒体有电视、网络、广播、报纸、杂志、路牌灯箱、橱窗、邮品、礼品、会展、公益活动等各种形式。根据服装品牌产品的特征，一般认为，适用于服装品牌宣传的有报纸、杂志、路牌灯箱、电视和网络五大广告媒体。

整合营销传播媒体能为塑造品牌找到了一条更加有效的途径。根据品牌的目标市场定位，选择适合产品卖点的媒体形式，以消费者为核心，以建立消费者与产品之间的关系为目的，以统一的品牌文化理念，才能有效地展开品牌的宣传和推广。当服装广告的目标消费群一旦明确，广告策划、设计方案就基本明确了，之后就要在各种传媒中选择一个目标消费群接触较多的广告载体。并根据时间和空间信息进行策划。

（1）根据时间信息：根据目标消费群接触某种媒体的时间段，时间量进行广告策划。

（2）根据空间信息：根据目标消费群接触的实体空间（常规场合、特定场合）、虚拟空间（如网站论坛、博客、邮箱、QQ、MSN等）进行广告策划。

2. 媒体的特征

根据媒体的特征，扬长避短，有的放矢地发挥广告媒体的作用。

（1）报纸具有地方性特征，是最直接的告知媒体，广告刊载具有一定灵活性，对家庭的渗透性强。因此，报纸常常作为服装企业或商家清理底货的一种促销媒介。

（2）杂志对目标消费者的针对性强，生命力长，会被传阅，色彩精美，影响力大，一直都是服装广告的重头媒介，尤其是时尚类、专业类服装杂志。但杂志即时性差，更新缓慢。是女装、男装、童装、内衣、运动装、休闲装品牌的常用媒介。

（3）路牌灯箱具有极强的地方色彩和曝光频次，画面的视觉冲击力大，投放地点灵活。但是这类户外广告的成本较高，同时会因设置密度大而造成资源浪费。

（4）电视是音像结合的动态性媒介，传播能力强。但电视媒介费用极高，广告时间短，好的时段非常有限。是西服、休闲装、内衣、鞋类品牌常用媒介。

（5）网络是信息时代的产物，皆具报纸杂志、路牌灯箱和电视等多种媒体的诸多优势，未来必将成为服装品牌宣传和推广的主流方向。美国有关预测机构表示，互联网将会成为服装销售的重要渠道，利用网络进行的服装贸易正逐年增加，预计到2020年，世界上15%的服装交易将通过互联网完成。

课后练习

1. 调研一家品牌服装企业，了解并分析其产品号型、规格与造型设计的关系，同时了解该企业采样、试样、检测、定样的程序。

2. 调研一个服装品牌专卖店，了解该单店的货品配比、款式陈列等情况，撰写1 500字的调研报告，要求图文并茂。

3. 模拟一个服装品牌，设计一本动态展示绘画册，要求：6～10页。

第六章　服装品牌的营销与管理

学习目标：

1．了解服装品牌的销售终端建设、产品销售与客户服务、服装品牌管理与品牌文化建设等方面的内容

2．初步认识其中的商品推出、授权、代理、加盟程序和方法

3．掌握商品销售时间波段设计的规律，按照选择地点的原则和方式策划营销

4．学会从品牌发展的角度全面认识品牌文化建设。

服装品牌的营销与管理是服装品牌终端建设的重要内容，主要包括服装品牌的销售终端建设、产品销售与客户服务、服装品牌管理与品牌文化建设三个方面。

第一节　服装品牌的销售终端建设

服装品牌的销售终端建设就是服装的销售网络建设，一般情况下，什么样的销售网络决定什么样的品牌定位。一个定位于低端消费市场的休闲女装品牌，通过网购渠道进行终端建设是合适的；选择低档消费的大卖场或超市也是合适的，而选择中高档专卖店铺则是不合适的。反之，高档女装品牌意欲通过走大众化路线提高销售而进行终端建设则是不可想象的。

一、服装品牌商品的推出

服装商品企划就是在正确的时间、正确的地点，以正确的价格、正确的数量、正确的商品来满足目标顾客的服装消费需求的一种商品营运计划。由此可

见，正确设定服装的上市时间是一项首要工作。

1. 商品销售时间

商品销售时间就是俗指的上货时间，由于季节和天气温度的变化，服装商品是按照时间段一次接一次入市销售的，业内称之为“上货波段”。

（1）服装的上货波段。设计“上货波段”是对上货进度一种时间上的控制，是指货品更新的间隔时间段。中国幅员辽阔，各地气候温差较大，如果一个品牌的产品销售网络覆盖全国各地，按“一年四季”的方式作为上货波段显然过于粗略。因此，一般认为上货波段的设计要根据品牌定位、产品生命周期、店铺销售流量以及顾客对货品更新期待等需求，不同品牌、不同产品会有差异。

1）正装品牌：男西服、衬衫之类的产品通常受季节影响不大，其中，经典款式的持续畅销常常达4～5个月甚至更长时间，因此，安排一年四次的上货波段比较适中，有时，过于频繁的上货波段反而会影响品牌的价值感。

2）时装品牌：对于产品旺销期只有1～2个月的流行时装品牌来说，就需要频繁更新产品，始终保持货品的新鲜感，这类品牌一年内新品上货波段将达到10～14次以至于更多，一些国际性的时尚休闲装品牌，例如，西班牙Inditex集团旗下“ZARA”品牌甚至每周都会推出新款。

3）运动装品牌：运动装的上货波段是一年6～8次，每个波段间隔时间按照产品的生命周期而定。春秋两季的新货在1月和7月开始上市，基本符合大部分中部地区季节变化的时间点，个别地区，例如，东北和华南地区则根据情况而定。

4）销售期较长的品牌：对于内衣、袜子这类销售生命周期较长（一年两季）的货品来说，由于受地区、季节与流行的影响相对较小，只需要新旧产品更替的方式正常补货，基本没有上货波段的规定。

（2）品牌的上货时间。品牌上新货的时间，过早和过晚都不利于销售。许多商家的做法是，比季节变化的实际时间提早一个月左右上新货，并随着气温的逐渐变化，安排不同品类的新品循序渐进地上市销售。例如，一个一年有8次上货波段的年轻时尚品牌，春夏季新货的上市时间进度是：

春季新货品上市时间：1月初的早春，2月中旬的仲春。

夏季新货品上市时间：4月初的春末夏初，5月中旬的仲夏。

秋季新货品上市时间：7月初的夏末初秋，8月中旬的仲秋。

冬季新货品上市时间：10月初的晚秋初冬，11月中旬的仲冬。

但是，南北方通常有一个月左右的上货时间差，北方冬季长夏季短，南方夏季长冬季短，品牌企业应根据各地区季节的具体变化进行微观调控。

确定服装的上货时间还需要考虑以下几个因素：

1）根据消费需求：服装的上货时间是新旧货品更替的时间，总体来说，上新货的目的是为了满足消费者的购买需求，因此，根据消费需求确定上货时间是第一位的。

2）根据季节变化："春暖秋凉""酷暑寒冬""风霜雨雪"这些季节和天气的变化直接影响服装消费者的购买需求，根据季节的变化设计上货时间是大多数服装品牌的基本准则，在此基础上，各品牌会按照自身的定位和特点分析细分市场的情况，最终确定上货日期。

3）根据流行趋势：流行趋势对时装的影响直观而显著，由于产品的生命周期短，市场需求变化迅速，一流的时装品牌靠缩短上货时间，不断推出新品，以速度、以规模引领流行，制胜于市场。

4）根据节假日安排：服装市场具有明显的节假日消费特征，在节日销售火爆之后往往会有"一节三清"的现象，因此，安排节假日前夜开始上新货是很有效的销售策略。

5）根据视觉疲劳度：服装货品上柜时间过长不免使消费者产生视觉疲劳，但是不同类型的服装品牌及其消费者产生视觉疲劳度的情况并不一样，经典男装、运动装、内衣类等品牌产生视觉疲劳的时间长，而流行时装、青春休闲装、童装等品牌产生视觉疲劳的时间短，因此，根据不同品牌产品不同的视觉疲劳度确定上货时间同样重要。

2. 销售地点

品牌的销售地点是由品牌所定位的目标市场所决定的，根据对品牌细分市场的分析，城市是服装销售的核心区域，总体上，城市级别不同，其服装消费的特征也存在差异，但随着经济文化的发展和流行趋势的传播，下一级城市的服装消费将向上一级城市的目标提升。

（1）一二线城市。一线城市是处于重要地位并具有主导作用和辐射带动能力的大都市，是经济文化高度发达的地区，也是最具购买能力的消费市场。一线城市集中了最具实力和品味、最具时尚潮流感度的品牌服装消费群体，是高档奢侈品集团寸土必争的目标市场，国内一线城市有上海、北京、天津、广州和深圳。

二线城市是指对本国的经济和社会具有较大影响作用的大都市。随着二线城市对服饰类奢侈品品牌认知度的成熟，中国一二线城市的奢侈品消费正在拉近距离。国内二线城市有杭州、济南、南京、重庆、青岛、大连、宁波、厦门、沈阳、武汉、哈尔滨、成都、西安、长春、苏州、温州、烟台、无锡、常州、佛山、东莞、福州、长沙、郑州、石家庄、太原、合肥、南昌、南宁、昆明等。

（2）三四线城市。三线城市是指比较发达的中小城市、有战略意义的大中城市和经济总量较大的小城市。四线城市是指综合能力相对较低的所有城市。主要指中国的部分地级市和县级市。

随着一二线城市品牌服装消费市场逐渐饱和，以县级市为代表的三四线城市逐渐成为服装品牌企业大力开拓的市场。事实上，美特斯·邦威、以纯、森马等着力于在三四线城市发展的品牌已经做大做强，成为服装行业中实质性的大品牌。

（3）小城镇与农村地区。小城镇指的是小县城或大集镇，是辐射于农村的商品交易的集中区。随着经济建设的不断发展和城市辐射作用的增强，小城镇及农村地区对服装品牌的认知和消费能力得到迅速提升，这极大推进了各类服装品牌在这一市场领域的拓展。

3. 销售方式

（1）服装批发。服装批发是随着商品经济的发展而产生的。生产力的提高和市场的发展扩大了服装的购销量和流通范围，由此在零售商业与企业之间出现了中介性质的批发商业，批发的经营模式是量大而价低，即按一定的批量、以批发的价格出售。

1）企业订货会：服装企业的订货会是一种请客采购的交易会，区域代理等客户均以品牌产品系列和批量的形式订购服装，就是一种批发行为。而由品牌企业授权的所谓“××地区总代理”实质就是批发商。

2）服装展会：如果说企业订货会是老客户居多，那么有行业、政府、财团举办的服装展会是以招商为目标的，而招的就是服装品牌产品的批发商。

3）服装批发市场：企业订货会和服装展会招揽的是固定的品牌服装批发商，而服装批发市场主要针对的则是一些分散客户或预期的固定客户。服装批发市场是各种品牌和产品的集中区，是目前国内低端服装大量销售的主要途径，成熟的服装批发市场购销量大，流通范围广，是很多服装品牌起步的阶梯。

4）服装批发网：服装批发网是伴随着网络的兴起而快速发展起来的，这一营销途径正逐渐弥补虚拟的局限和不足，逐渐将取代批发市场而更具私密性和竞争力。

（2）服装零售。零售是市场营销的一个重要类别。服装零售是服装商家针对消费者个人或家庭的一种分销行为。其特点是：顾客以个人为主，购买者以女性为主，购买动机以实用为主，购买行为以感性为主，购买量以少量多次为主，付款方式以现金或信用卡为主。

1）百货商店：百货商店是针对零售消费者的主要卖场。百货商店中的服装商场一般占有很大比重，其中服装、化妆品、鞋子、箱包、饰品等是零售业的主流商品。随着经济发展和科技进步，人们的生活方式也产生了变化，服装零售的渠道不断分流，由百货商店而发展出超级市场、连锁商店以及现在风靡于年轻消费群体的网络商店，这就为不同的消费者提供了不同定位的消费途径，同时也使不同的商家更加明确地标注自身的市场定位。总体来说，百货商店的服装零售表现为品牌的高档化和品牌的集约化。

2）超级市场：超级市场也称超市，是以顾客自选方式经营的大型综合性零售商场，是目前非常普遍的商业零售形式。超市服装有超市品牌和驻场品牌两种：超市品牌是超市按照自己的品牌定位组织货源并在自己的卖场销售的服装品牌；驻场品牌是超市引进或服装企业租用超市卖场销售的品牌。超市服装或品牌以量大、价低、售卖时间长、实用性强的大众成衣为基本定位和取胜之道。内衣、运动装、休闲装、牛仔裤等产品通常是超市服装商品的主流。超市的服装零售表现为商品品牌化和价格大众化。

3）连锁商店：服装的连锁商店也就是服装的“品牌连锁专卖店”，是由品牌企业授权的区域代理商或经销商统一管理、专营同一品牌服装的零售商店群体。

服装品牌专卖店实行的是统一进货、统一商号、统一管理的标准化经营管理模式，如某服装品牌在不同区域的专卖店其店名标志均相同，经营商品种类相同，店面风格和商品陈列方式相同，服装价格和促销活动以及广告宣传、售后服务等也相同。品牌连锁专卖店的零售形式为品牌个性化和价格差异化提供了更多的空间。

4）网络商店：服装的网络商店，简称网店，是在第三方提供的电子商务平台上，服装的商家和买家通过发布互联网信息进行交易并通过邮政和快捷物流进行实物传递的一种服装营销方式。网店营销一般以零售为多，而且信息发布速度快、传播面广，深受年轻的低价位消费群体的推崇。

虽然网店的入驻和经营成本较实体店低得多，但是由于网店始终存在虚拟形式的局限及商家信用和店铺数量巨大的困惑，低价策略又大大影响服装品牌商品的上货计划，因此导致网店一般以品牌或外贸折扣商品较多而原创新品、精品较少。

5）库存折扣店：折扣店是商家组合多个知名品牌，以库存服装为主体，为消费者提供自选“物有所值”服装的零售形式。库存折扣店的基本特征是：品牌类别多、产品品种多、款式数量多、过季款式多、缺色断码多、特体服装多，仓储式销售就是这类零售业态的转化，不同之处在于，由于折扣店一般场地较大、人气很旺，大量新品牌和新产品也会涌入这类卖场以折扣价销售。

二、服装品牌的销售终端建设

终端建设关系到品牌服装的销售通路，选择何种方式决定着企业是否能以最小的成本产生最大的效益，是否能在最短的时间内产生最大的收益，是否能为后续开发和发展奠定良好的基础。一般情况下，服装品牌终端建设中所采用的方式有直营方式、授权代理方式、加盟方式等多种，具体操作则应根据企业的实际状况而选择实施。

1. 直营方式销售

直营方式是指生产者直接经营销售自己产品的一种方式。直营连锁是指品牌服装公司直接经营、管理该品牌的各个连锁专卖店的一种商业模式。由于直营销售有直接控制权，以直营店为主的企业需要具备较强的管理能力，这样运作效率才能比较高，公司的营销理念才能得到完美的体现和执行，才能顺利拓展经营渠道，最终从消费者手中获取利润。

直营销售的组织形式具有统一资本、集中管理、分散销售的特点。直营模式对于新创设的服装品牌公司来说，在统一调动资金、统一经营战略、统一开发和利用共享资源方面极为有利。尤其利用直营店作为品牌形象的展示，对发展加盟商的旗舰店很有说服力和参考性，能有效显示公司的实力，提供形象规范。

在人才培养与使用、新技术新产品开发与推广、营销和管理现代化等方面，直营销售在短期内较容易发挥整体优势。而且有助于企业获取最有效的市场信息，了解消费者的需求特点，抛开中间环节，获得较高的利润。

直营销售的不足在于营销人员和各个连锁专卖店的自主权小，积极性、创造性和主动性受到很大限制，一旦决策失误，企业将面临很大危机。同时，直营店投资大，架构庞大，人员众多，组织管理难度比较大，投资风险、库存风险也比较大；需要企业有较强的组织管理能力。另外，采用直营销售模式的品牌服装企业需要拥有一定规模的自有资本，这在一定程度上限制了品牌推广的速度。

2. 授权代理方式销售

很多服装品牌公司为了迅速发展成为某一细分市场的领先品牌，会将产品制造和零售分销业务进行外包，自身则集中于设计开发和市场推广等业务，这种品牌运营模式越来越成为全球性成衣品牌经营的主流模式，而服装品牌或产品的授权代理是其中非常关键的业务环节。

服装品牌授权又称品牌许可，是指品牌所有权人或其代理人将品牌、商标等以合同的形式有偿授权予使用者进行生产和经营活动，并按合同规定从事生产、经营活动。品牌所有权或其代理人除向被授权人收取相应的费用外，一般还会提供市场预测、技术指导、人员培训和经营管理等方面的协助。品牌授权是服装企业市场营销的重要手段，是品牌推广、品牌延伸最有效的途径之一。

品牌区域代理商是一种为品牌所有权人与品牌被授权人寻求合作并代替品牌所有权人监管授权品牌运营的中间商和托管人，品牌区域代理商也称为“一级代理商”是典型的“中间商”。代理商分为国家级、省市级、地区级和县级等；又可分为独家代理、总代理和分级代理，所有代理商家都有相应的特权，低级别代理商一般由高级别代理商管理。由服装品牌公司授权的代理商家有“生产兼销售”和“批发兼零售”两种形式。

生产兼销售形式是代理商获得某个服装品牌的授权，在某个区域市场，根据总公司的服装商品企划或自行组织产品的设计研发、生产和销售，如许多国际著名运动装品牌就是采用这种代理模式；批发兼零售的形式在国内服装市场中更普遍，操作方法是：服装品牌代理商以较低的折扣从品牌服装企业拿到产品，然后以利润加成本的方式批发给加盟店或直接用于自营店的零售。从事批发业务的代理商，利润的主要来源是批零差价，其工作核心就是开拓区域市场，市场越大，销量越大，获得差价的利润也越大。批发代理只是为服装企业代理商务，并没有资金压力，也不存在库存问题，承担的经营风险较小。

服装企业会制定出品牌代理制度，包括发展代理商的办法、原则、条件、程序等；管理代理商的区域划分办法、业务规范、责权利及其保护办法、价格及结算方式、违约责任、奖惩办法、合约解除办法等；监管服务代理商的市场推广、支持政策、市场考核、物流管理等。

3. 加盟方式销售

加盟方式是指服装品牌公司将产品及其销售权赋予某个区域的加盟商，加盟商采用该品牌规定的标志形象、社会声誉、服装产品、管理方法、经营模式、售后服务、督导体制等在服装市场上引导消费而获得利润的营销行为。

一般情况下，加盟商与代理商最大的不同在于：代理商是代品牌企业行使经营事务而获得代理佣金的中间商。而加盟商则是买断产品的经销商，是通过加盟品牌之后从总公司或代理商处批发产品自行销售的服装零售商。服装品牌的加盟商需要具备一定的资金实力，且有投资经营的风险。

（1）招商与加盟。服装品牌公司及其代理商都可以招纳加盟商。服装品牌公司一般会在某个区域的中心城市设立1～n个加盟商；而服装品牌的代理商也可以在同一地区设立几个加盟商，关键取决于总公司与代理商的授权协议以及公司营销网络的构建情况。采用加盟方式销售的好处表现在，可以加快入市时间，加快资金回笼，借助中间商现有的渠道，进行有效网点扩张。

（2）加盟条件

1）加盟商身份：具有一定的经济实力和经营能力的法人单位或个人，对女（男）装市场有一定的认识和了解，对服装品牌零售业有一定的管理和运作经验。

2）店铺条件：店铺面积200～500 m^2，店铺位置是加盟城市的一类商圈，黄金地段，一楼沿街门面，其位置须得到“××品牌公司”总部确认。

3）加盟合同期：5年。

4）加盟费用：双方商定/免。

5）货品押金：100万元，此货款押金于合同期满，所有经济清算、交割结束后，无息退还。

6）费用承担：店铺租购、水电物业、装修费用、人员薪金、运费、工商税费等由加盟方自负。签约时预付装修费，结算时多退少补。

7）店铺形象：由“××品牌公司”总部按全国连锁标准整体策划、统一设计和施工（含门头吸塑灯箱、厅房形象、道具布置、收银系统、防盗系统、相关设备实施等）。

8）运营管理：为保证与全国连锁的“××品牌”形象、营运、管理的统一性，加盟店的经营由“××品牌公司”总部统一直接管理。

9）供货方式：所有的铺货、补货、换货由“××品牌公司”总部负责，加盟商无须带款进货，实行100%退、换货，加盟商货品库存为零。

10）加盟店的管理人员、营业人员由“××品牌公司”总部统一招聘、培训、录用和管理。“××品牌公司”对加盟店人员实行全员培训后方可开业，培训地点在“××品牌公司”总部。

11）所有货品实行全国统一零售价，不打折。加盟商根据加盟店的销售额，按零售价的一定比例享受丰厚的提成，每天结算。

12）“××品牌公司”总部负责处理顾客投诉和质量问题。

13）提供国内各大主流媒体黄金广告支持，加盟城市本地广告由加盟商根据当地情况自行投放和承担费用。

14）保底回报：“××品牌公司”可向加盟商提供保底回报，确保加盟商5年累计税前利润不低于100万元，保底回报计算方法和实现方法以《“××品牌”加盟合同》中的规定为准。在此情况下，加盟商须缴纳加盟费为6万元/年。不需保底则无须缴纳加盟费。

（3）加盟费用。服装品牌的加盟费是品牌所有权人以合同的形式授予加盟商使用按双方约定收取的费用。一般情况下，加盟费包含合同保证金和分摊的广告促销费。

1）合同保证金：品牌的授权方可要求加盟商交付一定的保证金，以确保加盟商履行合同。合同期满，在加盟方没有违约、没有经济纠纷的前提下，授权方将退还保证金。

2）广告促销费：在品牌推广过程中，部分费用将由品牌授权方与加盟商共同承担，其中，最常见的就是品牌宣传推广和产品促销活动中产生的费用。这部分费用一般按照合同规定的广告宣传和促销活动，如品牌的整体性广告促销、区域性广告促销、加盟商独立促销等形式分别处理。

品牌的整体性广告促销一般由品牌公司总部整体规划整体促销，费用由加盟商共同分摊；区域性广告促销费用由该区域加盟商分摊；某个加盟商独立策划的促销活动费用自行承担。

（4）加盟流程。加盟流程因服装品牌公司业务操作管理流程而略有差异，以下为服装品牌企业的加盟操作流程（见图6—1）。

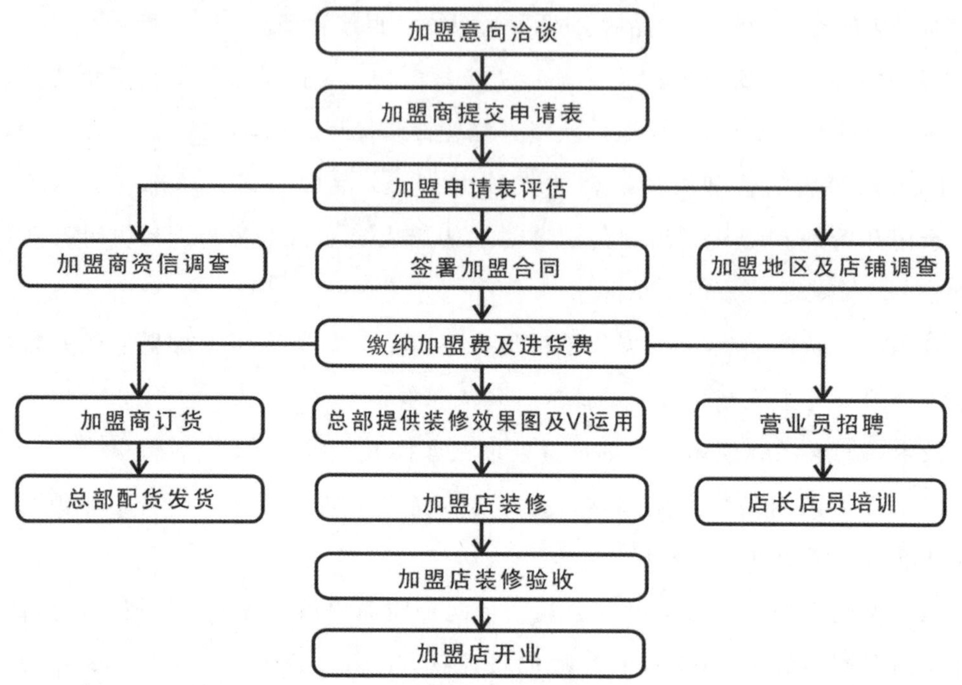

图6—1　服装品牌企业的加盟操作流程

第二节　产品销售与客户服务

鉴于产品的生产加工到销售流通过程中延期、错单、损坏、滞销等常规问题频现，促使品牌服装企业建立高效的物流系统的同时必须建立销售档案与报表进行规范化管理，及时处理产销过程中的突发事务，消化滞销库存，使利益最大化。

一、建立高效的物流系统

物流系统是服装销售的命脉，是提升销售的保障。每一个成功的品牌首先建立在健全的物流体系之上，可以说，安全通畅的物流系统可以很快扶起一个品牌，也可以轻易毁掉一个品牌。

1. 服装类产品物流系统的特征

为了适应服装市场流行的变化，服装企业必须建立快速反应机制，除了研发生产等环节，最核心的在于物流服务领域。纵观服装品牌经营的成败得失，高效的物流系统与操作管理能力显然是每个成功的服装品牌都能具备的基本素质，可以说，品牌的成功就是品牌物流系统予以保障的成功。成熟的物流系统具备以下几个特征：

（1）在适当的交货期内配送适当的货品。

（2）满足客户的订货量，不使商品脱销。

（3）具备配置仓库、配送中心，保有适当的库存量。

（4）自动化管理货品的出入库、分拣、运输和装卸。

（5）订、发货信息通畅，及时将销售信息反馈到营销、企划、设计和生产部门。

2. 物流保障与产品销售

服装产品的季节性和生命周期等特征非常明显，如果没有快速的物流系统支撑，热销的服装很容易成为过时的库存。因此，高效的物流系统对服装品牌产品销售的保障作用是至关重要的，具体保障作用可以分为以下几个方面：

（1）信息保障。信息保障是作用于供销双方的一种保障。直接关系到订、发货信息的通畅，市场与企业相互反馈信息渠道的通畅。

（2）时间保障。时间保障指按照服装市场的上货波段适时、适量地配送适当的货品，满足订货量，不使商品当季脱销，这对销售商来说是最好的保障。

（3）品质保障。品质保障指提高对物流的监控管理水平，杜绝错发货品、漏发货品、遗失货品、污损货品等现象。

二、建立销售档案与报表

销售报表是对市场销售情况的反馈和呈现，汇总报表，建立销售档案是为把握今后的市场而提供佐证，也为下一季商品企划中的产品定量、定价提供了依据，使预测性决策更加契合现实的需求状况。

1. 区域性与总体性销售档案与报表

由于地域文化、消费能力以及服装本身（如价格、品质、材料、色彩等）的差异，服装销售的区域性消费特征体现得非常明显。即使在同一地区，由于店铺位置不同，相同品牌产品的销售效果也不一样。

品牌服装产品的总体销售是不同地区各服装零售店铺销售量汇总而成的。通过区域性销售表的横向比较，可以知道服装产品在某一天、某一周、某一月和某一季度的销售状况以及服装销售波段的峰谷指向；纵向比较则可以显示出服装随销售季节、年度的变化而上升、维持或下降的趋向。

服装零售店铺中进行数据分析的常规应用工具是表格。表格的形式有日报表、周报表、月报表、季报表，其中最常见的也是最重要的就是日报表和周报表。日报表要完整记录单店销售当日的款式、色彩、码型、价格，以及总量的进、销、存，还能表现出销售的趋势、结构和明细，另外也反映库存结构和库存需求（见表6—1）。

表6—1　服装店铺销售日报表的通用格式

销售日报表　　　　年　月　日													
专卖店/专柜　　天气：　　总　页第　页													
款号	色号	单位	数量						单价	销售金额	销售折扣	实收金额	备注
			S	M	L	XL	XXL	合计					
合计	昨日存货	件	今日进货	件	今日退货	件	今日销售		件	今日结存			件
		元		元		元			元				元
制表人：　　　　审核人：													

周报表应比较全面地反映服装店铺在零售经营中的各项指标，为有效分析服装运营提供关键数据。周报表由一系列表格组成，按照表格呈现内容可以分为销售趋势分析（见表6—2）、销售类别分析（见表6—3）、货品畅/滞销分析（见表6—4）、货品色/码比分析（见表6—5）和竞争品牌货品销售分析（见表6—6）。

表6—2　本周销售趋势分析

<table>
<tr><td colspan="9">店铺销售分析周报表</td><td colspan="3">第　　周</td></tr>
<tr><td colspan="9">专卖店/专柜　日期：</td><td colspan="3">平均气温：</td></tr>
<tr><td colspan="12">一、本周货品销售趋势分析</td></tr>
<tr><td></td><td>周一</td><td>周二</td><td>周三</td><td>周四</td><td>周五</td><td>周六</td><td>周日</td><td>合计</td><td>升降比例（%）</td><td>累计完成比例（%）</td><td>备注</td></tr>
<tr><td>上周销售</td><td></td><td></td><td></td><td></td><td></td><td></td><td></td><td></td><td></td><td></td><td></td></tr>
<tr><td>本周销售</td><td></td><td></td><td></td><td></td><td></td><td></td><td></td><td></td><td></td><td></td><td></td></tr>
<tr><td>下周销售</td><td></td><td></td><td></td><td></td><td></td><td></td><td></td><td></td><td></td><td></td><td></td></tr>
</table>

表6—3　本周销售类别分析

<table>
<tr><td colspan="9">二、本周货品销售类别分析</td></tr>
<tr><td>类别</td><td>销售数量</td><td>占比（%）</td><td>库存数量</td><td>占比（%）</td><td>销售金额</td><td>占比（%）</td><td>库存金额</td><td>占比（%）</td></tr>
<tr><td>T恤</td><td></td><td></td><td></td><td></td><td></td><td></td><td></td><td></td></tr>
<tr><td>衬衫</td><td></td><td></td><td></td><td></td><td></td><td></td><td></td><td></td></tr>
<tr><td>毛衫</td><td></td><td></td><td></td><td></td><td></td><td></td><td></td><td></td></tr>
<tr><td>夹克</td><td></td><td></td><td></td><td></td><td></td><td></td><td></td><td></td></tr>
<tr><td>单西</td><td></td><td></td><td></td><td></td><td></td><td></td><td></td><td></td></tr>
<tr><td>西套</td><td></td><td></td><td></td><td></td><td></td><td></td><td></td><td></td></tr>
<tr><td>长裤</td><td></td><td></td><td></td><td></td><td></td><td></td><td></td><td></td></tr>
</table>

表6—4　本周货品畅、滞销分析

<table>
<tr><td colspan="9">三、本周货品畅、滞销分析</td></tr>
<tr><td rowspan="2">序号</td><td colspan="4">畅销排名</td><td colspan="4">滞销排名</td></tr>
<tr><td>款号</td><td>销售量</td><td>占比（%）</td><td>库存量</td><td>款号</td><td>销售量</td><td>占比（%）</td><td>库存量</td></tr>
<tr><td>1</td><td></td><td></td><td></td><td></td><td></td><td></td><td></td><td></td></tr>
<tr><td>2</td><td></td><td></td><td></td><td></td><td></td><td></td><td></td><td></td></tr>
<tr><td>3</td><td></td><td></td><td></td><td></td><td></td><td></td><td></td><td></td></tr>
<tr><td>4</td><td></td><td></td><td></td><td></td><td></td><td></td><td></td><td></td></tr>
<tr><td>5</td><td></td><td></td><td></td><td></td><td></td><td></td><td></td><td></td></tr>
<tr><td>合计</td><td></td><td></td><td></td><td></td><td></td><td></td><td></td><td></td></tr>
<tr><td>货品建议</td><td colspan="8"></td></tr>
</table>

表6—5　本周货品色/码比分析

四、本周货品色/码比分析						
序号	畅销颜色			畅销码号		
	色号	销售量	占比（%）	码号	销售量	占比（%）
1						
2						
3						
4						
5						
合计						
色码建议						

表6—6　本周竞争品牌货品销售分析

五、本周竞争品牌货品销售分析								
商场名称	货品种类	畅销款号	零售价	面料成分	色/码	款式特点	销售数量	上柜时间

2．销售报表档案处理

销售报表的统计工作最终要通过筛选和汇总才能体现价值，才能真正了解品牌服装产品的现状、趋向以及竞争对手的情况。而面对不断更新、不断变化着的产品名称、产品编号、进货价格、销售价格、入库数量、入库时间、销售数量、货品库存以及销售额占库存比例等等项目的状态数据指标，对报表快速进行档案化处理显得尤为重要。

一般情况下，销售报表主要依靠“服装进、销、存管理软件”进行档案化处理。开发销售这类软件的商家虽多，但在软件操作方法上大同小异，主要由进货管理、销售管理、库存管理、商品管理、VIP管理、统计分析等几大模块组成；并支持标签打印、条形码打印、条形码枪、小票打印、多样收款、收银箱、顾客显示屏等硬件设备。

“服装进、销、存管理软件”系统的特点如下：

（1）该类软件均能为服装零售商提供易学、易用、易管理，无需培训又能快速上手的开放式、人性化的数据平台。

（2）进店服装商品编码简单，便于准确有效地进行服装销售和库存管理。

（3）经营利润和进货、销货、存货的数据分析，交互式数据即点即显，简单而又直观。

（4）具备方便管理的网络查询套件，实时分析店铺各项业务数据，随时掌控店面运营情况。

（5）采用通用的软件系统、适配硬件和网络设备，具有安全、高效的性能。

（6）软件新旧版本兼容，免费在线升级，不影响现存业务数据。

三、库存产品处理方式

如何处理库存是所有服装品牌都需要面对的问题，处理库存本身并非难事，难点在于库存产品处理中的低价策略构成了对品牌价值的负面影响。因此，对服装品牌尤其是知名服装品牌而言，如何处理库存产品是需要讲究方式和途径的。

1. 折扣处理

（1）折扣特卖。在商场设立特卖场或设立特价品专卖卖场。很多品牌的特卖销售额甚至已经超过正价产品的销售额。

（2）团购处理。根据库存实际情况，主动联系有意向的企事业单位或团体组织，将库存服装产品作为福利、考虑全部出清的价格消化库存。

（3）奖品处理。通过赞助某项社会活动，将库存服装作为赠品、礼品、纪念品或援助物资进行有偿或无偿化处理。

（4）购物券处理。采用发放商场、门店购物券方式，标明折扣；或者采用“买100送50”之类的促销活动项目。

2. 赠品处理

（1）促销赠品。库存服装可以作为促销赠品发放给经销商。作为渠道奖励的一种比较有效的手段，这种处理方法可以有效刺激经销商多进货，但要按照企划方案有针对性地发放，一旦处理失当，特价品很容易影响品牌形象，而且过多的库存特价品必然会影响品牌正价商品的销售。

（2）活动赠品。通过抽奖的奖品或作为赞助某项活动的赠品也不失为消化库存的一种办法。

3. 渠道转换处理

（1）批发处理。很多服装品牌一方面以商场、专卖店的渠道进行销售，另一方面采用批发渠道销售，其实这是一种经营策略。一般情况下，商场和专卖店销售畅销新款，而批发市场消化库存，两种不同的方式为品牌服装的整体销售提供了良好的销售渠道，这样不仅保持了专卖系统的价格稳定，而且维护了品牌的整体形象。但是为了防止引起商场、专卖店和批发商之间的矛盾，杜绝影响品牌整体形象和价格体系的紊乱，一般要进行产品商标的拆换处理。

（2）外销处理。将服装商品通过外贸渠道销往不发达的国家和地区。但外销渠道对企业的资质有一定的要求，要具备成熟的外销经验和管理流程，或者与外贸公司有良好的合作关系，因而，对于具备外销资质和能力的服装企业来说，外贸渠道也是一种消化库存的有效方式。

第三节　服装品牌管理与品牌文化

服装品牌管理与品牌的文化是统领品牌策划、商品企划、产品研发、生产与营销的总体规划，俗话说，没有品牌，时尚没有灵魂；没有设计，产品没有灵魂；没有营销，设计没有灵魂；没有管理，营销没有灵魂，没有文化，管理更没有灵魂。由此可见服装品牌管理与品牌文化对品牌和服装企业的重要性。

一、服装品牌的产品设计管理

服装品牌的产品设计管理是产业化生产过程中的关键之一。服装产品设计管理是针对商品企划流程内产品设计开发过程中人与事的管理，它遵循一定的原则，按照类别进行人员分工，达到协作、有序、高效的目的，是一项研究如何在品牌服装产品设计中整体把握、有效实施计划、提高产品的竞争力、体现设计的市场价值的系统工程。

1. 服装品牌的商品企划流程

服装品牌的管理是按照商品企划规范操作方式和步骤的一种规划。从商品企划的整个流程来看，每一个项目都由若干个工作步骤构成，涉及整个服装企业的方方面面（见图6—2）。而对服装产品的设计管理则是品牌整体管理程序中的一个项目，是根据成衣品牌的商品企划方案与管理构架整合而展开的一系列工作。

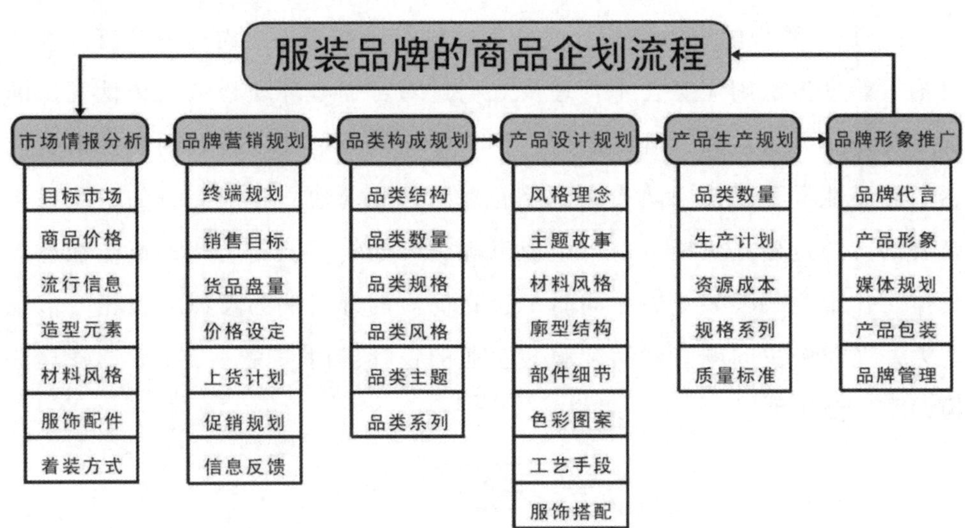

图6—2　服装品牌的商品企划流程

2．服装产品设计管理的模式

服装产品设计管理的目的在于规范感性的设计于理性的商业运作之中，在服装市场中实现品牌（产品）价值最大化。设计管理的原则是一致性与协调性，即各设计师负责的产品线风格与品牌总体风格应该保持一致性；各设计师个体负责的工作必须服从于品牌的整体运作，涉及与各相关部门之间的协调与合作，同时包括设计（开发）部门内部的协调与管理。

服装产品设计管理的模式由商品企划和管理架构两大模块组成，商品企划是对产品开发以及实施过程的一种计划，管理架构则是实施计划有序、高效地展开的有效保证（见图6—3）。

3．设计管理的组织、制度与目标

不同的服装企业在设计管理上的理念千差万别，这直接影响对设计人员资质评估方式以及能力认定的差异。一个好的设计管理模式应该是能激发设计人员的创造欲、表现欲、促使他们将创意的知识与技能发挥到极致，从而形成一支分工明确、各展所长、优势互补，互相协作、充满活力的优秀的设计团队，一般来说，营造这样一支团队的管理成本相对更低而

图6—3　服装产品设计管理的模式

作用巨大，反之就不仅是管理成本的问题，很可能将成为企业的害群之马。

（1）设计管理的组织结构。实施管理的基础在于建立符合一定管理模式的组织机构，管理方法则应契合于管理模式，这对习惯于环境松散、个性突出的成衣设计人员队伍尤为重要，既要能使工作有序而规范，又不能制约设计人员的创意灵感，更不能导致设计团队产生逆反心理。因此，建立相对完备的组织机构是非常必要的。通过建立机构可以将企业意志贯彻始终、上传下达，更能在逐级管理的具体工作中化解很多矛盾，同时，每日简短的部门例会可以通报相关情况，群策群力，及时解决问题。对品牌服装企业的设计部门来说，产品设计管理的组织机构如图6—4所示。

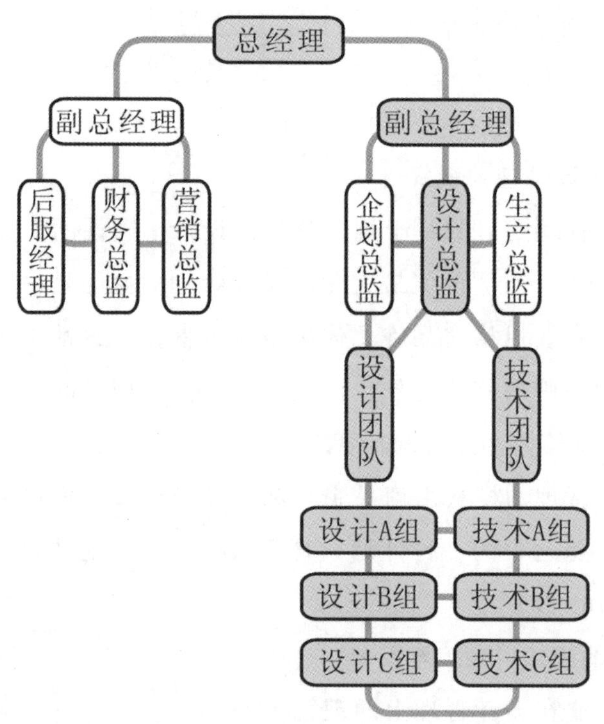

图6—4　产品设计管理的组织结构

（2）设计管理的制度。合理的组织机构下的设计管理应遵循一定的管理制度。管理制度涉及对“人”的管理制度和对“事”的管理制度。

1）对人的管理制度：主要内容包括“德、勤、能、绩”四个方面，具体分为考勤情况、工作量情况、绩效情况、个人素质、职业能力、同行评价等多项指标。特别是有关绩效考核、资质认定、晋升晋级等关系到设计师个人价值的方面，一定要制定公平公正的奖惩规章并严格执行。当然，由于个人发展的不平衡和具体工作的复杂性，有时还应该具体问题具体分析；特殊问题特殊解决，不以成败论英雄。遇到此类情况应该上报决策层论证后定性并通报周知，才能使管理制度既具有公信力又具有亲和力，体现出人性化管理的特征，增强设计团队的凝聚力，激发他们的创造能力和敬业精神。

2）对事的管理制度：主要指对设计的决策制度。对设计的决策俗称“定样”或“定板”，是确定设计能否成为产品和商品的重要环节。设计的决策应该确立其以多项论证为前提的制度，杜绝个别人意气用事或盲目跟风。具体来说，可以采用多层决策的方式，即设计师个人筛选、设计部门筛选、公司内部筛选和客户筛选等多种途径进行决策。参考上季同类商品的销售现状；及时将本季商品销售情况汇总通报等，考评各层次决策的准确性。

（3）产品设计的目标管理。目标管理包括时间管理、任务管理和设计成本管理三个方面，是控制设计工作有序展开的计划性指标，目的在于保证设计按进度保质保量完成。

1）时间管理：应该按照企划部门提供的商品计划进程制定设计部门的出样、定样时间表并分解到各产品线的设计组和各类品种。

2）任务管理：由各组主设计师将承担的产品设计任务细分到具体的设计人员，在规定时间内完成。

3）设计成本管理：设计成本管理主要体现在对时间成本和材料成本的控制方面。要求各设计组制定预决算计划则是有效控制设计成本的管理办法。

二、服装的生产与销售管理

服装的生产与销售管理所涉及的问题众多，快捷的解决办法是从健全生产管理和销售管理的机制和模式入手，围绕企业的现状和发展目标，寻求适合自身实际的途径和方法。

1．服装的生产管理

服装品牌产品的生产管理是对商品企划流程中产品生产规划环节实施的管理，从整体看，服装产品生产管理就是运用计划、组织和控制的职能，把投入服装生产过程的各种生产要素有效组合，形成一个品质与效率优先的服装产品生产管理体系。对大多数外将产品发外包生产的品牌服装企业来说，了解、掌握对口企业的生产管理方法、流程对控制品牌产品的品质和上货时间十分重要。

服装生产管理是一项涉及面广的管理技术，其内容包括服装生产技术、管理技术、质量管理、服装生产过程组织与管理、物料管理、产品制造和成本管理等。它们之间互相影响，又互相制约。基本架构如图6—5所示。

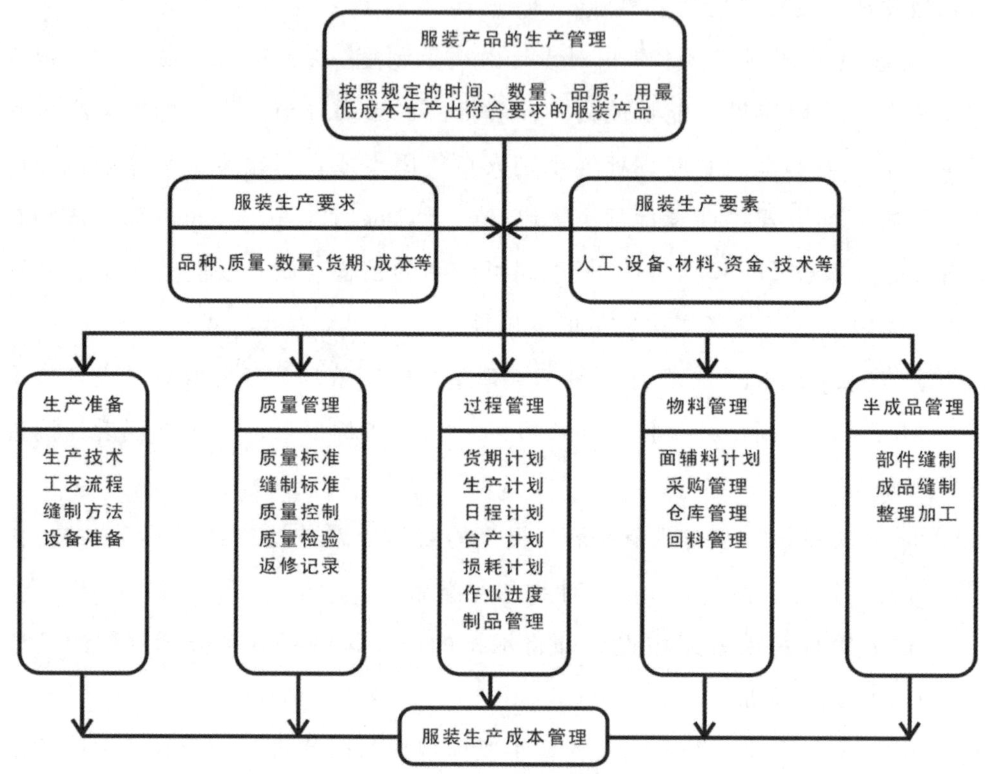

图6—5　服装产品的生产管理

2. 服装的营销管理

现代管理学之父彼得·德鲁克（Peter F Drucker）认为，任何企业都有两项职能，也仅有这两项基本职能，这就是营销和创新。纵观品牌服装企业的业务流程，正是从围绕市场营销的商品企划开始到产品进入市场实施营销结束，因此，营销对服装企业的重要作用毋庸置疑，而实施科学的营销管理则是服装企业经营活动中的核心。

我国服装企业的平均寿命很短，服装品牌从创设到消亡的平均周期更短，这很大程度上要归因于品牌服装产品的营销管理职能发挥不足。

服装的营销管理首先要从系统的市场研究开始，在营销目标制定、新产品上市、区域市场开发、广告传播等方面进行深入细致的论证，构建科学决策的体制和方法，不能抱着机会主义的快速致富心理“模仿跟风”和“炒作概念”。

管理的目的是发挥、激励营销团队工作的积极性和主动性，通过企业管理层与营销团队之间的“授权”“指挥”“反馈”和“沟通”，形成科学合理的企业营销管理体系,不断强化管理手段和管理工具。

营销管理工具主要是指营销管理软件，运用营销管理软件处理服装品牌企业纷繁复杂的营销事务中的各类销售报表、数据分析表、状态趋势表等效率很高。

有效的营销信息为营销的科学决策提供了参照依据，同时也推动了销售管理水平的提升。服装企业在营销信息的采集方式及其管理工作中要避免认识上的两个误区：第一个是认为市场信息并不太重要，第二个是认为只要是市场上获得的信息都很重要。

前一个是企业由于没有形成营销管理体系，对营销信息管理没有头绪，导致了总部不知道需要什么样信息，区域不知道反馈什么信息，有了信息也不知道如何分析利用，只能将反馈信息束之高阁而无法落实，这样对后续营销方式和策略的提升起不到任何作用。

后一个是企业过于依赖收集的信息，采集信息门类繁复、数据庞杂，大量信息来不及处理，加上企业缺少系统分析和消化、利用、吸收信息的能力，而信息则是具有时效性和真伪性的特征，一旦采用滞后信息或错用滞后信息很有可能误导决策而引发管理上的混乱。

三、服装品牌的系统维护管理

随着服装市场竞争的加剧，品牌战略已经成为服装企业应对市场竞争的有效选择。对于已经创设成功的服装品牌，建立全面而有效的品牌维护系统关系着服装企业的长远利益。

1. 品牌形象传播维护

在服装市场不断发展的同时，一些服装品牌会由于维护不足而引发危机。服装品牌的定位是根据企业对目标市场的认识和自身优势投入经营的，而特定的目标市场定位设置决定着特定的品牌、产品和形象，因此，根据目标市场的定位进行品牌形象的传播和维护是符合品牌建设规律的，而没有找准市场定位的盲目传播反而会破坏品牌的形象。

维护品牌形象的核心是控制品牌传播的流程，要严格按照品牌的目标市场定位，围绕企业的经营范围和品牌的个性与特色，向目标消费群适时、有针对性地进行展示、推广，以竞争优势逐渐赢得品牌及产品的美誉度和忠诚度，使品牌在目标消费群中由认知、熟知发展到偏好。

服装品牌传播是一个系统化的循环反复过程，维护品牌形象就是要从服装的品牌定位出发，有效控制形象传播过程的每一个环节（见图6—6）。

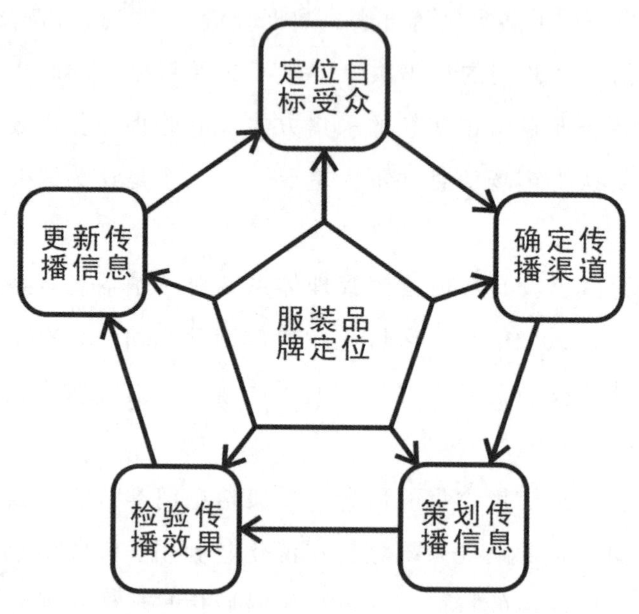

图6—6 品牌形象传播过程的环节

2．服装品牌的产品质量维护

人们常说产品质量是企业的生命线，管理好一个服装品牌首先要维护好这个品牌的产品质量。

（1）质量管理机构。一般情况下，服装企业会成立专门的质量管理机构，在机构的组织下进行协调、监督和实施。服装企业要充分重视质量人才队伍的建设，强调质量管理体系的运行机制，自上而下、全面深入地灌输质量理念，强化员工的质量观。通过培育质量意识、明确质量规范、引导价值取向、创新思维方式、统一道德认知、规范行为准则来逐步形成服装品牌的质量文化。还可以配套相应的措施，发挥质量文化的导向功能、激励功能、凝聚功能、约束功能和辐射功能，将质量文化体现在具体的质量工作体系及其运行机制之中，贯穿于企业质量管理的全过程。

（2）产品质量控制。维护品牌服装的质量，先要加强原材料采购中的质量控制、按照服装面辅材料质量标准严格验收抽检，杜绝原材料的以次充好。其次要把好生产过程中的质量关，控制生产中的裁片、半成品和制成品检验，避免因半成品质量而引发对成品质量的困扰。

（3）产品售后服务。企业要充分认识售后服务的重要性，切实提高售后服务质量。售后服务不仅是产品生产过程的延续，而且是商品营销的重要补充，再优质的品牌和产品也会因售后服务的问题而失去市场，因此，企业必须重视这一阶段的工作，要通过提供优质的售后服务来维护品牌、创造名牌。

3. 品牌的营销网络维护

品牌的营销网络维护也被称为品牌的终端维护。俗话说，攻城容易守城难。建立营销网络并能够持之以恒地维护好，对于品牌企业来说的确是一项长期而艰苦的工作。

营销网络维护的基本工作主要有：检查营销工作中的软件和硬件设施是否正常；加强营销人员队伍的管理；沟通客情关系加强客户管理；积极倾听一线的反映意见，收集竞争对手的相关资料；总结经验教训；营造终端氛围调整营销的方法与手段；汇报相关问题；改善工作方法等。营销网络维护的内容有：

（1）常规化维护。在日常走访商场或专卖店时，对本品牌产品及POP（卖点广告）进行维护。

（2）针对性维护。客流量大的A类终端有针对性地维护，而比较薄弱的易于为竞争对手破坏的B类、C类终端，要实施隔天或每天维护，防止其他品牌串货。

（3）卖场产品维护。要时时关注产品陈列的款式、颜色、数量等，及时补货，防止断货，及时上报所需续补货品。

4. 品牌商标、专利、标准的保护

品牌的商标标志是品牌运营的核心，注册保护尤为重要，特别是当品牌发展到适当的时机，可以考虑扩大注册范围，通过申请著名商标或驰名商标加以保护。

专利是企业产品创新的成果，是品牌发展的核心竞争力，服装的产品很容易模仿，通过专利来保护自身权益符合法制社会的发展趋向。

品牌专卖的各项工作流程及其标准的制定和执行，对品牌招商推广和加盟商的终端卖场监管起到积极的保持和维护作用。

四、服装品牌文化的建立与推广

服装的品牌文化是服装品牌的核心精神，是一个品牌传输并影响消费者的审美感知、影响和附加值的内涵和理念。是定位消费群体对品牌产品产生美誉度和忠诚度的精神载体。

1. 服装品牌及其文化标志

服装品牌的文化是以服装品牌的个性风格、精神理念的塑造和推广为核心，使品牌具备文化特征和人文内涵，并通过各种策略和活动，以文化为载体进行传播，使消费者认同和拥戴。品牌文化是“品牌”与“文化”的有机融合。通过品牌文化来加强品牌力，不仅能更好地实现企业促销的商业目的，还能有效承载企业的社会功能。品牌文化的作用是营销管理的职能，满足了目标消费者物质之外的文化需求，其价值在于提升品牌消费群体的忠诚度，是重要的品牌壁垒和巩固、扩大目标市场占有率的有效手段，从某种意义上来说，品牌文化建设本身就是打造品牌的一种方式。

2. 服装品牌文化的核心

服装品牌文化的核心是文化内涵，包括价值内涵和情感内涵，是品牌所凝练的价值观念、生活态度、审美取向、个性特征、时尚品位、情感诉求等精神表征。当某一个服装品牌成为一种文化的象征，使他们看到这个品牌就倍感亲切，从而潜意识地产生消费欲望，那么，品牌文化带给消费者的就是个人价值的实现、心理的满足感和精神寄托，就是一种文化的认同和情感的眷恋，正如劳伦斯·维森特（Vincent Laurence）在阐述传奇品牌的成功经验时指出的，这些品牌“蕴涵的社会、文化价值和存在的价值构成消费者纽带的基础”。

3. 品牌文化的地位与作用

服装品牌文化的确是连接品牌战略、品牌策划和品牌推广之间的纽带。围绕服装品牌文化，服装品牌所确立的核心是服装品牌战略，品牌战略决定品牌的发展；所传播的品牌故事是服装品牌推广的重要手段，是提升品牌影响力的有效途径；所展开的服装品牌策划是服装品牌定位的描述，是解读品牌创新的方向和路径（见图6—7）。

图6—7 品牌文化的地位与作用

服装品牌企业为了持久而有力地打造品牌文化，通常会用某种精神和理念作为品牌文化的标志，从而向消费者生动形象地展示、推广服装品牌文化。如米奇品牌的米老鼠图形标志、七匹狼品牌的狼图形标志、耐克公司的钩形标志等。这些标志都是通过品牌文化的途径向消费者进行推广和解读的。

4. 服装品牌文化的建立

服装的品牌文化构建是一项有意义的活动，服装品牌的社会经济功能来自其内在的价值、文化和个性，构成服装品牌实物形态的各种要素。一方面体现了服装设计者的文化情结和情感氛围；另一方面则反映了服装生产者的质量意识、服务理念和服务艺术，所有这些因素集中表现在构成服装产品的品牌文化上。

服装品牌文化给予服装消费者审美心理和自我价值的满足，具有超越商品本身并且区别于其他服装品牌商品的作用。通过商业调查测试公布的结果显示：品牌的商标标志和符号引导消费者购买服装的作用只能起到15%左右，其余的85%则需要通过品牌文化因素才能产生作用，可见品牌文化对目标消费群产生着重大的影响力。

5. 服装品牌文化的推广

品牌从外在形态而言首先是品牌的命名和标志，但从更深层次来讲，指的是一种品位，是与消费者所喜好的文化模式沟通、映射出来的某种生活方式和人生态度，是消费文化的共鸣和取向的认同。因而，推广品牌的实质是推广一种文化，告知一种境界，给予消费者一种潜意识的非常渴求的驱动力。

与服装企业文化所导的共同价值观、共同行为理念有所不同，服装品牌文化以品牌的个性塑造、品牌的精神推广为核心，而且赋予文化特征和人文内涵，重点是通过各种策略和活动使之发挥出强大的感染力，然后形成一个忠诚的品牌消费群体。例如牛仔裤品牌往往采用体形型着装表达性感的形象，以此彰显狂野自由甚至放纵的美国精神，迎合目标消费群追求“年少不羁、个性张扬、敢赴四海闯荡”的心理取向。

服装品牌文化的构建少不了从营销策划、促销活动、广告宣传、客户关系等多个方面进行整合，要通过传奇、典故、仪式和人物等文化载体进行传播，让消费者能够从鲜活而生动的故事情节、传奇情景中感知品牌的个性、了解品牌的精神、接受品牌的文化内涵，形成具有忠诚度的品牌消费群体。

课后练习

1. 调研一家品牌服装企业，分析该企业服装品牌的销售终端建设状况，拟定一份销售终端的建设方案。

2. 针对某一品牌进行一次市场调研，详细了解该品牌的产品销售与客户服务情况，模拟设计一份商品销售日报表。

3. 模拟某个服装品牌，撰写一份品牌管理或品牌文化推广的方案。

第七章　服装品牌策划实例

学习目标：

1. 了解女装品牌市场调研报告的撰写过程

2. 熟悉新创设服装品牌的目标市场与风格定位

3. 掌握新创设品牌商标、标志与包装设计等内容

4. 掌握品牌的主体风格与流行风格设定、品牌的季节主题系列设定、品牌的产品结构系列分解及类别构成设定

5. 掌握品牌的主题系列、款式系列构成以及商品搭配、上市时间的设置方法和表达技能

服装品牌策划实例由女装品牌策划方案实例和女装品牌商品企划方案实例两部分组成，为模拟服装品牌策划和商品企划工作提供了借鉴。

第一节　女装品牌策划方案实例

服装的品牌策划实例选择以女装品牌策划最具备典型特征，通过实例可以明确展示服装品牌所针对的市场调研报告的撰写格式，目标市场与品牌风格的定位方法，商标、标志与包装的设计等一系列内容。

一、女装品牌市场调研报告实例

服装品牌市场的调研报告以图表、文字、数据等综合的表述形式最具有说服力，对女装品牌市场来说尤其如此，其中，表格项目要根据品牌或竞争品牌的产品和定位等相关内容进行选定或设计，只有针对明确，调研才会有效。

1. 目标消费群与商品分析

对目标消费群与商品进行调研分析、对同类竞争品牌进行调研分析、对目标消费群问卷调查等一系列调研分析，是了解和分析市场在哪里，市场争夺焦点在哪里，各自的优势和劣势在哪里，如何调整提升等问题的有效途径。

根据消费群和商品的各个列表项目进行分析（见表7—1）。

表7—1 标消费群与商品分析

类别	项目	特征
目标消费群分析	顾客年龄	28～35岁（60%），35～45岁（20%），25～27岁（20%）
	顾客职业	公司高管或年收入50万元以上职业女性
	着装形象	理解生活，贴近自然
	时尚感度	具备中、高层次时尚敏感度
	性格取向	内敛与外向并重，能力强，效率高，积极乐观，善于交往
	消费动机	彰显个人魅力，体现自我价值
	消费能力	具有消费本定位服饰的购买能力
	居住区域	城郊别墅或市区中、高档住宅区
	购衣倾向	时尚得体优先，物料感觉其次，忽略价位和折扣等因素
	购衣频率	每周或遇到喜欢就买
	品牌意识	有明显的品牌意识，首选外籍品牌和国内知名设计师原创品牌
	着装习惯	了解时尚资讯，主观意识强，具有个性审美品位
	交游习惯	乐于交友，爱好广泛，积极乐观
	休闲方式	瘦身、瑜伽、旅游、摄影、酒吧、茶会、美食、艺术品投资等
	生活方式	热爱生活，乐观地享受生活
	常规服装	套装、大衣、针织、外套、裙装、裤装、毛衣等
商品分析	风格定位	优雅经典的女性化风格，设计细节体现流行时尚和个性品位
	心理价位	秋冬3 000～8 000元，春夏1 000～3 000元
	产品卖点	高品质时尚面料、个性+经典的色彩系列组合
	穿着场合	商务活动、半正式的交友活动等
	商品类型	套装、大衣、羽绒服、外套、裙装、裤装、毛衣、T恤、衬衫等

2. 同类竞争的品牌分析

以同类时尚女性化风格的成熟女装品牌为例进行列表比较（见表7—2）。

表7—2　同类竞争的品牌分析

品牌 项目	品牌一 （××品牌）	品牌二 （××品牌）	品牌三 （××品牌）	品牌四 （××品牌）
品牌风格	典雅、含蓄、精致	妩媚、浮华、柔和	华丽、感性、雅致	简洁、浪漫、明艳
品牌档次	中高档	中档	中档	中高档
年龄定位	30～45岁	25～35岁	28～35岁	30～40岁
销售渠道	商场（加盟） 专卖店（加盟）	商场（直营） 专卖店（加盟）	专卖店（加盟）	商场（直营） 专卖店（加盟）
产品销售排序	羽绒服、套装、大衣、外套、裙装、裤装	羽绒服、外套、裙装、裤装、毛衣、套装、大衣	大衣、外套、羽绒服、裙装、裤装、毛衣、套装	套装、羽绒服、外套、大衣、裙装、裤装、毛衣

3．目标消费群问卷调查

目标消费群调查问卷一般选在自己的品牌专卖店或者有同类竞争品牌销售的高档商场等地发放。以下是目标消费群调查问卷的形式与内容（见表7—3）。

表7—3　目标消费群问卷调查

序号	时尚女性化风格的成熟女装品牌目标消费群调查问卷	答案
1	您现在多少岁？ A．21～25岁　B．26～30岁　C．31～35岁　D．36～40岁 E．41～45岁	
2	您的职业是什么？ A．学生　B．记者　C．艺术家　D．自由职业者　E．教师 F．医生　G．公务员　H．企业主　I．公司高管　J．服务业者　K．全职太太　L．其他	
3	您所喜欢的服装品牌分别有哪些？ A．欧美　B．韩国　C．日本　D．港台　E．中国大陆 F．定制　G．其他	
4	您所经常消费的服装品牌有哪些？ 请您写下来：	
5	您是否喜欢搭配饰物？ A．喜欢　B．不喜欢　C．一般　D．看衣服而定　E．无所谓	
6	您对潮流服饰搭配的看法是什么？ A．追求潮流　B．标新立异　C．适合自己　D．无所谓	
7	您购买衣服最注重的是什么？ A．是否名牌　B．是否舒适　C．是否美观　D．是否时尚　E．其他	
8	您多长时间会买一次衣服？ A．一周一次　B．一月一次　C．一个季度　D．只要喜欢随时购买	

续上表

序号	时尚女性化风格的成熟女装品牌目标消费群调查问卷	答案
9	知道自己适合哪类服装风格吗？ A. 知道 B. 不知道 C. 知道但无所谓 D. 流行的就是我的风格	
10	您在购买服饰时，最主要的考虑因素是什么？ A. 款式 B. 质量 C. 价位 D. 品牌 E. 功能性 F. 舒适 G. 实用 F. 适合自己 G. 时尚	
11	春夏季节您经常购买的单件衣服价位是多少钱？ A. 100～300元 B. 300～500元 C. 500～800元 D. 800～1 000元 E. 1 000～1 300元 F. 1 300～1 500元 G. 1 500～2 000元 H. 2 000元以上	
12	您在什么时候特别注重自己的服饰？ A. 约会 B. 好友聚会 C. 参加舞会 D. 逛街 E. 工作场合 G. 出席会议 H. 其他	
13	您经常购买的服饰配件是什么？ A. 帽子 B. 腰带 C. 丝巾 D. 首饰 E. 眼镜 F. 手袋 G. 手表 H. 鞋子 I. 其他	
14	您喜欢的购物环境和形式是什么？ A. 高档商场 B. 品牌专卖店 C. 网络购物 D. 高级定制 E. 其他	
15	什么样的店面装修更容易吸引您进店消费？ A. 时尚前卫 B. 个性另类 C. 传统复古 D. 优雅高贵 E. 文化气息	
16	您愿意购买品质很好的仿冒名牌吗？ A. 愿意 B. 不愿意 C. 会考虑 D. 无所谓	

4. 目标消费群问卷分析

（1）消费者年龄调研分析（调查500人，见表7—4）。

表7—4 消费者年龄调研分析

您的年龄	人数	百分比（%）
A：21～25岁	25	5
B：26～30岁	86	17
C：31～35岁	162	33
D：36～40岁	131	26
E：41～45岁	96	19

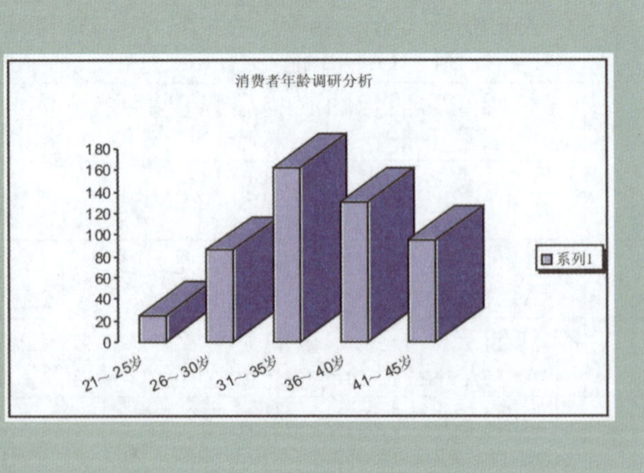

（2）消费者职业调研分析（调查500人，见表7—5）。

表7—5　消费者职业调研分析

您的职业	人数	百分比（%）
学生	2	0.4
记者	7	1.4
艺术家	5	1
自由职业者	34	6.8
教师	41	8.2
医生	73	14.6
公务员	113	22.6
企业主	45	9
公司高管	68	13.6
服务业者	32	6.4
全职太太	39	7.8
其他	41	8.2

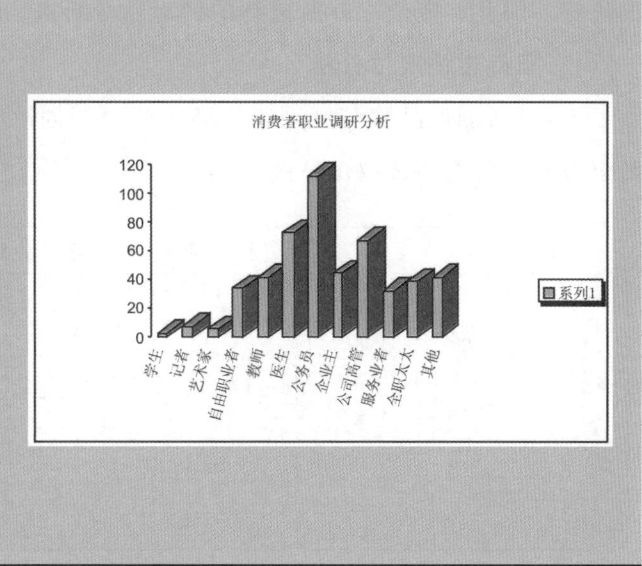

（3）消费者热点品牌调研分析（调查500人，见表7—6）。

表7—6　消费者热点品牌调研分析

热点品牌	人数	百分比（%）
欧美	61	12.2
韩国	23	4.6
日本	57	11.4
港台	102	20.4
中国大陆	143	28.6
定制	16	3.2
其他	98	19.6

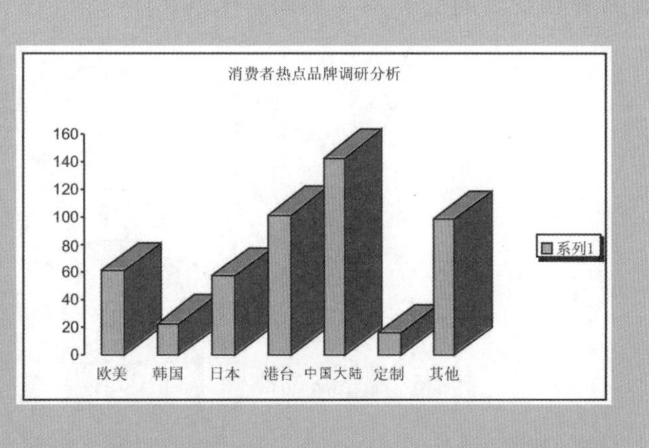

市场调查排名前十品牌：欧美（PRADA、BURBERRY、GUCCI）、日本（伊都锦ITOKIN）、韩国（VOV）、港台（AE VERN、夏姿、哥弟）、歌力思、玖姿

目标消费群问卷调查的所有项目均需按照以上方法逐项进行汇总分析，计算出人数、百分比，并以图标形式直观表示，以便于进一步的论证研讨。

二、新创设服装品牌的目标市场与风格定位实例

选择某个目标市场是企业投资方向的直观反映，是新创品牌进行定位和策划的焦点。因此，定位之前所进行的针对性分析极为重要。

1. 目标市场定位分析

（1）新创设品牌与性别、年龄定位。新创设服装品牌可以根据不同性别与年龄定位在分阶图中选取（见图7—1）。

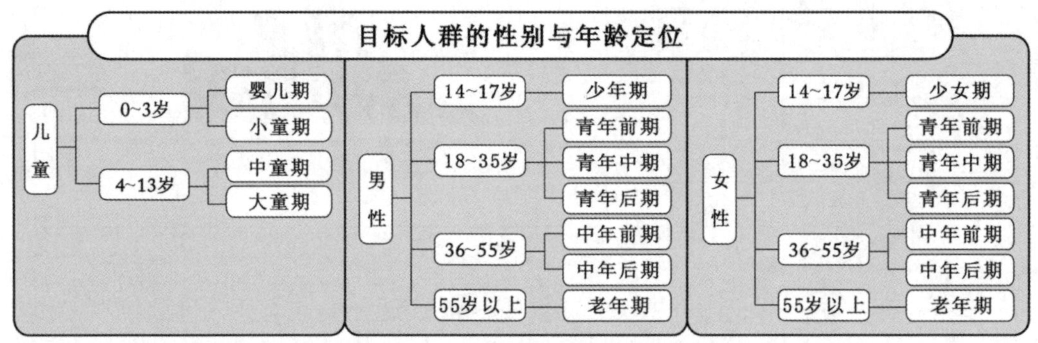

图7—1　目标人群性别、年龄定位分阶图

（2）新创设品牌与服装品类定位。新创设服装品牌还要考虑季节因素与单品类品牌创设之间的关系（见图7—2）。

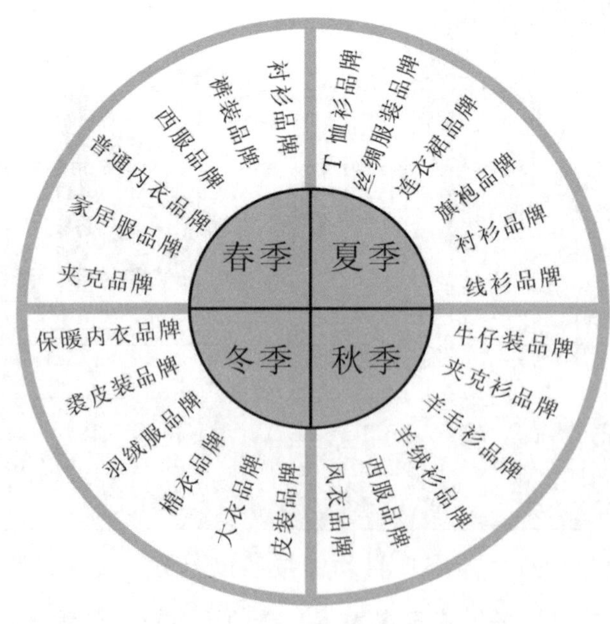

图7—2　季节因素与单品类品牌创设

2. 目标风格定位与竞品比较分析

（1）新创设女装品牌的基本风格。在不同风格趋向的两类八大风格及扩展方向中选取并设置新创设女装品牌的基本风格（见图7—3）。

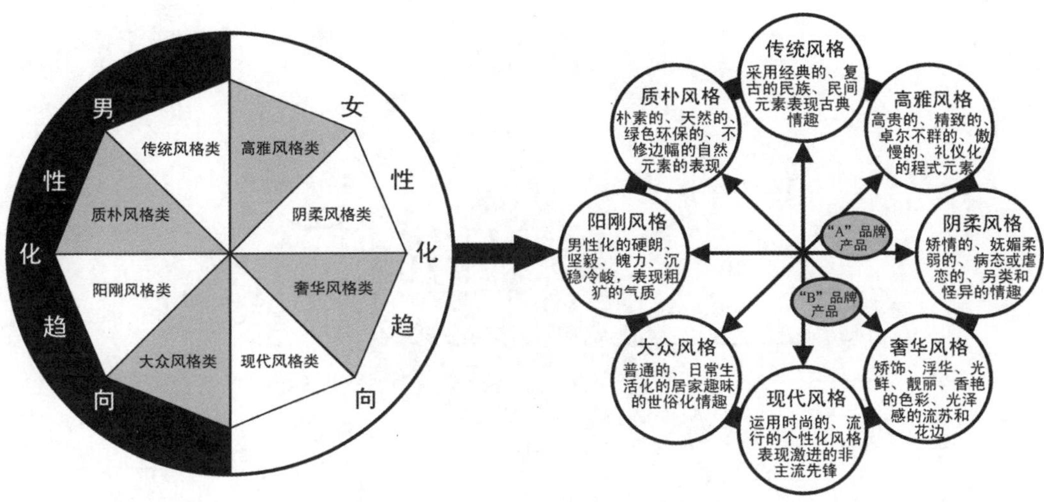

图7—3　新创设女装品牌的基本风格设置

（2）竞争品牌的风格比较分析。选取最主要的竞争品牌“B”与新创设女装品牌“A”进行风格及扩展因素方面的比较，找出风格雷同部分，即两个品牌真正构成竞争的部分，便于在开发后续产品时扬长避短（见图7—4）。

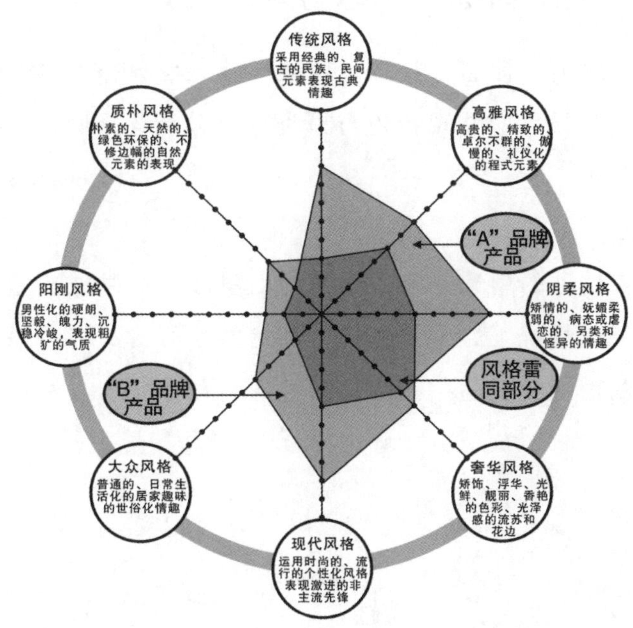

图7—4　竞争品牌的风格比较分析

（3）竞争品牌的产品特征比较分析。将主要的竞争品牌“B”与新创设女装品牌“A”的产品特征进行阶度比较，便于产品后续设计中与竞争品牌形成差异（见图7—5）。

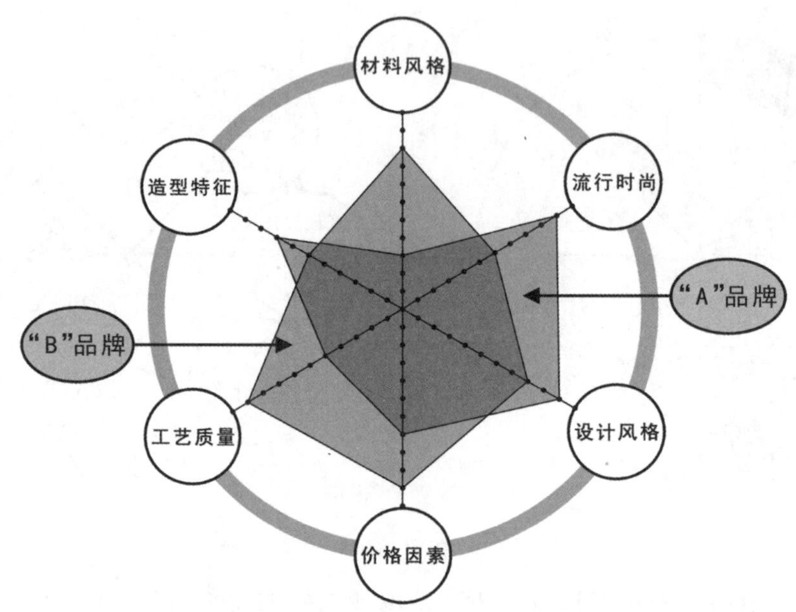

图7—5　竞争品牌的产品特征比较分析

三、新创设品牌商标、标志与包装设计实例

新创设品牌的商标、标志与包装设计随品牌定位风格而展开，个性化品牌，其商标、标志与包装设计应体现特色与另类；而大众化品牌，不事张扬地走进千家万户才是取胜之道。

1. 商标设计

按照不同服装品种的用途并考虑服装的面料厚薄、款式松紧等因素，设计各种规格的商标，一般情况下，夏季服装的商标窄小轻薄，冬季服装的商标宽大厚重，春秋季服装的商标比较适中。商标的色彩可以固定，也可以多色配置形成系列（见图7—6）。

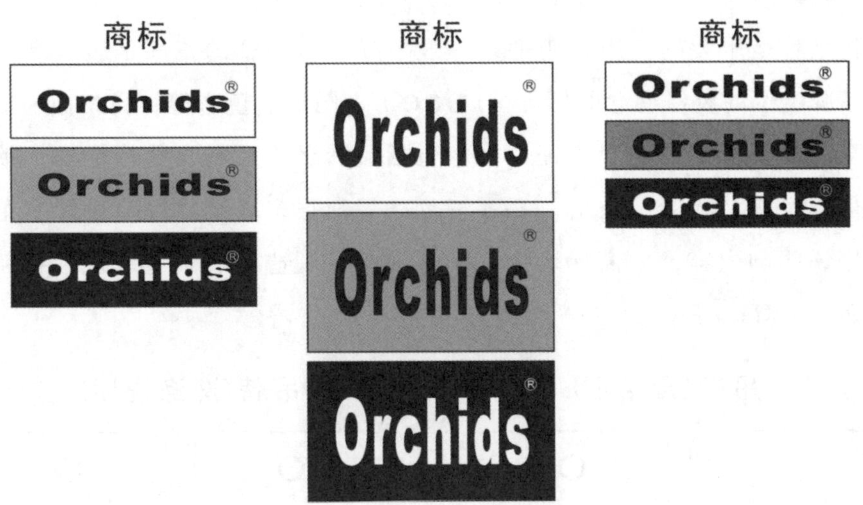

图7—6　品牌服装的商标设计

2. 洗涤标、尺码标、袋口标设计

洗涤标可以设计成单层的，也可以设计成折叠的，一般缝在衣服的侧缝或西套装的里口袋内。尺码标是为不同尺码的服装所作的号型标志，尺码标一般和商标缝合在一起，因此要考虑与商标的色彩一致或相配，也有将尺码标直接与商标织造在一起的形式。袋口标是在服装的袋口位置与口袋缝合在一起的一种标志，是为了扩展商标的广告功能而设置的，常用于休闲风格的服装（见图7—7）。

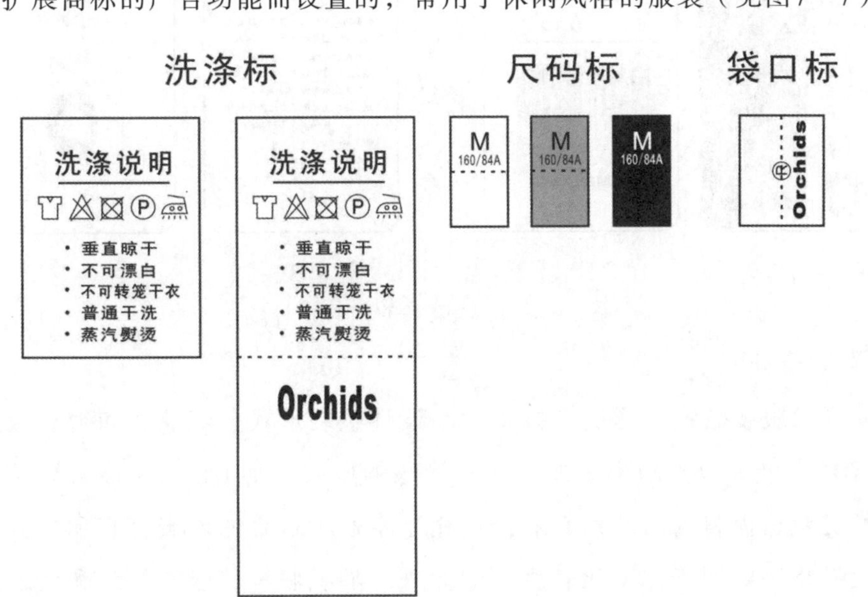

图7—7　洗涤标、尺码标和袋口标设计

3. 吊牌设计

服装吊牌是服装的使用说明书，一般情况下，吊牌的正面是服装品牌的名称和表示品牌定位的风格理念的标志（LOGO）、图形、色彩等；另一面一般是表示服装符合各项要求的产品合格证，内容包括品牌名、品名、执行标准、款号、号型、色号、等级、检验、条形码、零售价格等。很多服装品牌会设置多套吊牌一增补使用说明的内容，如商标名称、洗涤说明、制造商、制造地址、总经销、邮编、电话、E-Mail等（见图7—8）。

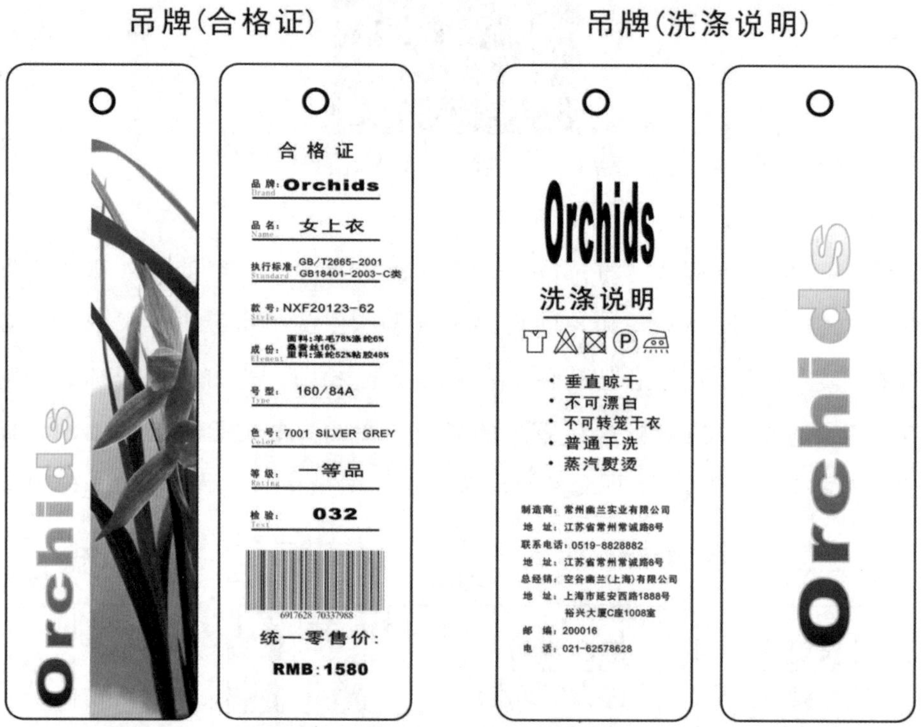

图7—8 品牌服装的吊牌设计

4. 包装设计

根据不同服装品种、形制、体积大小设计包装形式，塑胶袋和纸袋较轻便，适用于春夏季单薄型不易褶皱或不在意褶皱的服装，如T恤、衬衫、短裙、连衣裙和化纤类免烫面料的服装；套衣袋适用于不便于折叠的西服套装和高档大衣类服装；大纸袋一般用于体积比较膨大的大衣、羽绒服等，套衣袋常和大纸袋合用（见图7—9）。

图7—9　品牌服装的包装设计

第二节　女装品牌商品企划方案实例

女装品牌的商品企划由于产品的类别、品种及款式系列较为丰富，必须按照产品结构系列类别的构成分门别类地进行规划设计，尤其要防止在主体风格与流行风格方面、季节主题系列和款式主题系列方面发生混淆。

一、品牌的主体风格与流行风格

“ORCHIDS”(空谷幽兰) 时尚休闲装品牌的主体风格是：传统、高雅、阴柔并蕴涵淡淡的奢华与个性时尚，烘托高端消费阶层女性融睿智、桀骜、伺机待发于随缘、沉着、内敛之中的商人性格。根据流行趋势选择并汲取符合品牌风格定位的主题进行衍化，融季节流行风格于品牌主体风格之中，使品牌的定位风格彰显出时尚感。

二、品牌的季节主题系列（秋冬）实例

2013年秋冬多个方向的流行趋势中，经过收集、选择、整合出与本品牌定位风格合拍的季节主题“冥想无疆”，并据此细分出四个产品系列主题（见图7—10）。

季节主题：冥想无疆

产品系列主题一：游荡在自我与矫情之间

产品系列主题二：装扮老贵族

产品系列主题三：幻觉丹宁意象

产品系列主题四：锈蚀的乡村

图7—10　品牌的季节主题与产品主题系列

三、品牌的产品结构系列类别构成实例（见图7—11）

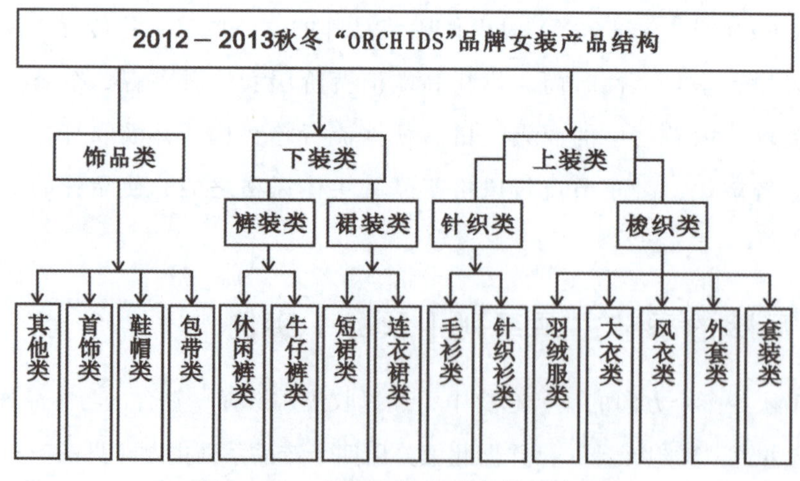

图7—11　品牌女装产品结构图实例

四、品牌的主题系列与款式系列构成实例（见图7—12）

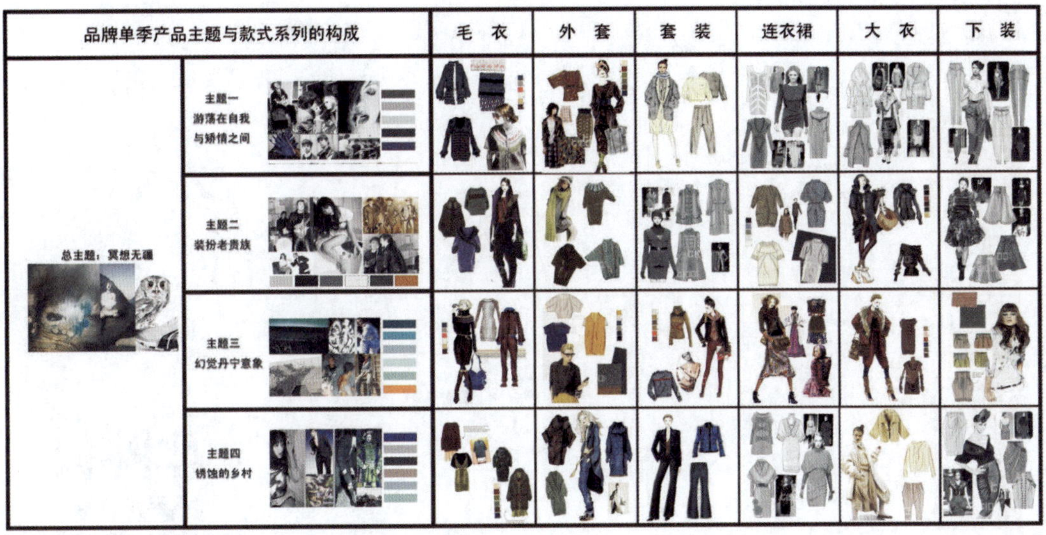

品牌单季产品主题与款式系列的构成		毛　衣	外　套	套　装	连衣裙	大　衣	下　装
总主题：冥想无疆	主题一 游荡在自我 与矫情之间						
	主题二 装扮老贵族						
	主题三 幻觉丹宁意象						
	主题四 锈蚀的乡村						

图7—12　品牌各主题系列与款式系列构成实例

五、商品搭配与上市时间设置实例

“ORCHIDS”(空谷幽兰) 时尚休闲女装品牌2013年秋冬季上货时间。

1. 秋装上货波段方案

（1）秋装上货第一波段2013年7月6日，星期六（见图7—13）；

（2）秋装上货第二波段2013年7月20日，星期六（见图7—14）；

（3）秋装上货第三波段2013年8月3日，星期六（略）；

（4）秋装上货第四波段2013年8月17日，星期六（略）；

（5）秋装上货第五波段2013年8月31日，星期六（略）；

（6）秋装上货第六波段2013年9月14日，星期六（略）。

图7—13 秋装上货第一波段2013年7月6日上货图例

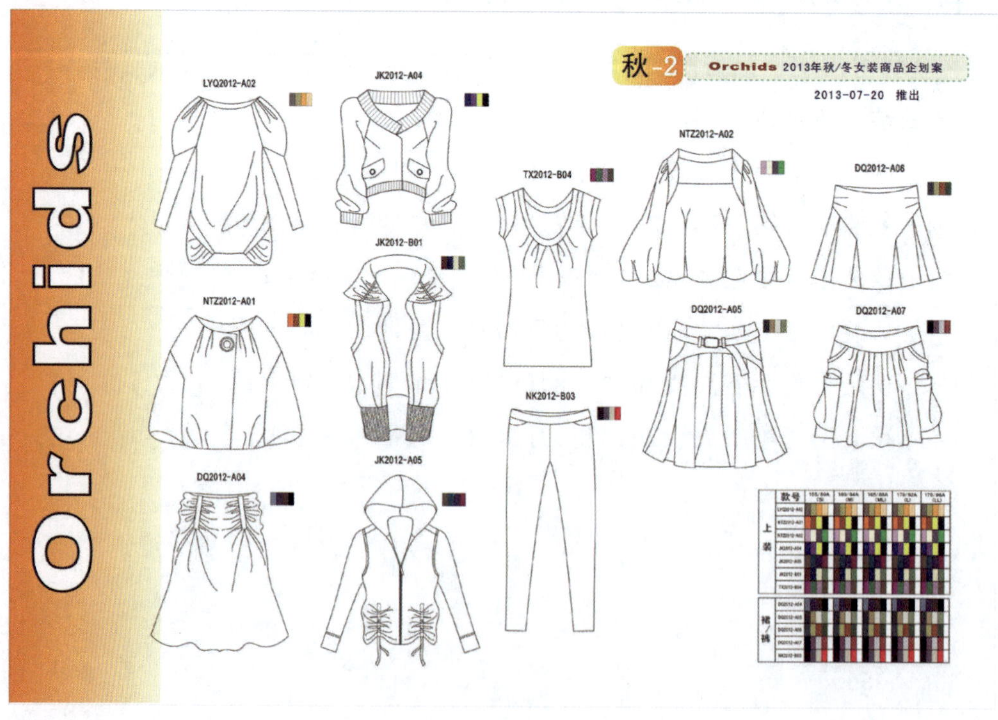

图7—14 秋装上货第二波段2013年7月20日上货图例

2. 冬装上货波段方案

（1）冬装上货第一波段2013年9月28日，星期六（见图7—15）；

（2）冬装上货第一波段2013年10月19日，星期六（略）；

（3）冬装上货第一波段2013年11月2日，星期六（见图7—16）；

（4）冬装上货第一波段2013年11月16日，星期六（略）；

（5）冬装上货第一波段2013年11月30日，星期六（略）；

（6）冬装上货第一波段2013年12月14日，星期六（略）；

（7）冬装上货第一波段2013年12月28日，星期六（略）。

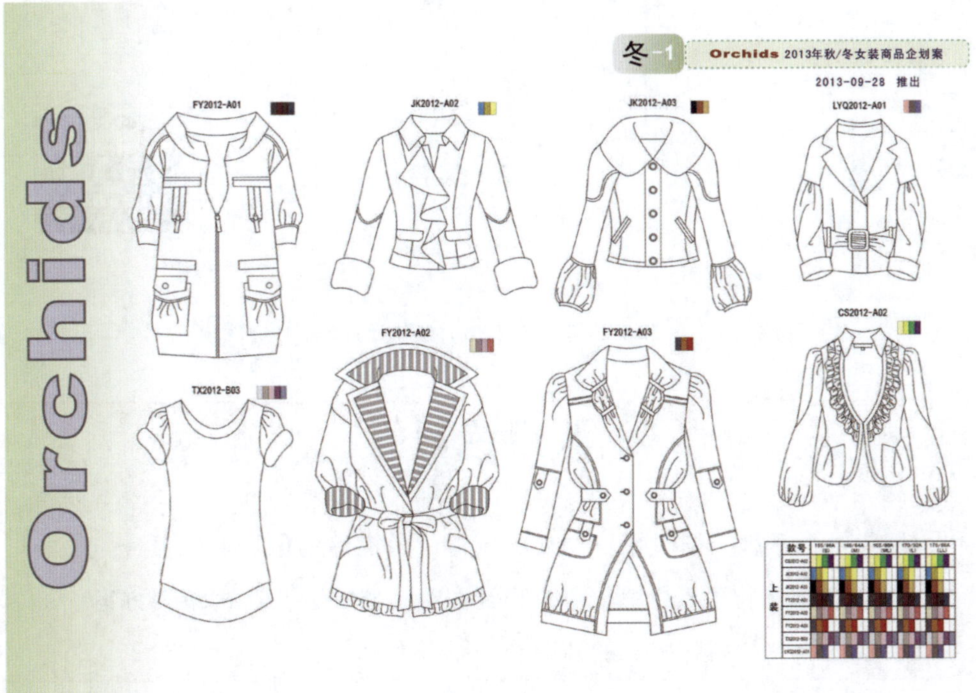

图7—15　冬装上货第一波段2013年9月28日上货图例

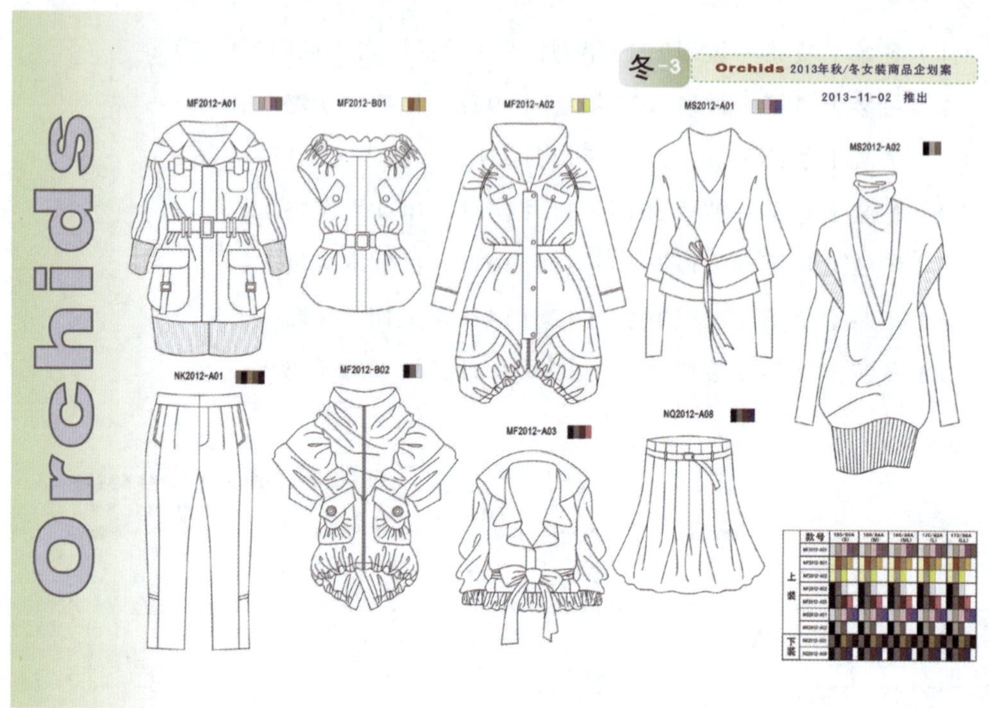

图7—16　冬装上货第三波段2013年11月2日上货图例

课后练习

1. 围绕某个品牌，通过市场调研，撰写一份完整的市场调研报告。
2. 模拟策划一个服装品牌，要求设计图绘完整一套品牌的策划方案。
3. 模拟设计一份品牌服装的商品企划书。

参考文献

[1]（美）H·H·阿纳森．西方现代艺术史[M]．邹德侬译．天津：天津人民美术出版社，1987

[2]（美）Rita Perna．流行预测[M]．李宏伟，王倩梅，洪瑞璘译．北京：中国纺织出版社，2000

[3]（美）Susan B Kaiser．服装社会心理学[M]．李宏伟译．北京：中国纺织出版社，2000

[4]（英）DI国际信息公司．DI国际服装设计[M]．中国纺织科学技术信息研究所兴纺纺织开发公司译．北京：中国纺织出版社，2000

[5]（英）Joan Nunn．服饰时尚800年[M]．贺彤译．桂林：广西师范大学出版社，2004

[6]（英）Kathryn Mckelvey and Janine Munsiow．时装设计：过程、创新与实践[M]．郭平建，武力宏，况灿译．北京：中国纺织出版社，2005

[7]（英）Cosgrave B．时装生活史[M]．龙靖遥，张莹，郑晓利译．上海：东方出版中心，2004

[8]（英）Richard Sorger & Jenny Udale．时装设计元素[M]．袁燕，刘弛译．北京：中国纺织出版社，2008

[9]（日）文化服装学院．文化服装讲座[M]．中国展望出版社译．北京：中国展望出版社，1981

[10]（日）三吉满智子．服装造型学[M]．郑嵘，张浩，韩洁羽译．北京：中国纺织出版社，2006

[11]（日）柳泽元子．从灵感到贸易[M]．李当岐译．北京：中国纺织出版社，2000

[12]（日）中泽愈．人体与服装[M]．袁观洛译．北京：中国纺织出版社，2003

[13]（韩）李好定．服装设计实务[M]．刘国联，赵莉，王亚，吴卓译．北京：中国纺织出版社，2007

[14]李晓慧，赵平．服装市场营销[M]．北京：中国城市出版社，1997

[15]李俊，王云仪．服装商品企划学[M]．上海：中国纺织大学出版社，2001
[16]李当岐．服装学概论[M]．北京：高等教育出版社，1991
[17]刘元风．服装设计学[M]．北京：高等教育出版社，1997
[18]袁利，赵东明．打破思维的界限[M]．北京：中国纺织出版社，2005
[19]刘晓刚．品牌服装设计[M]．上海：中国纺织大学出版社，2005
[20]刘晓刚，崔玉梅编．基础服装设计[M]．上海：东华大学出版社，2008
[21]庄立新，胡蕾．服装设计[M]．北京：中国纺织出版社，2003
[22]庄立新．成衣品牌与商品企划[M]．北京：中国纺织出版社，2004
[23]庄立新． 成衣产品设计[M]．北京：中国纺织出版社，2009
[24]袁仄．服装设计学[M]．北京：中国纺织出版社，2000
[25]周文杰．男装设计[M]．杭州：浙江人民美术出版社，2005
[26]张灏．服装设计策略[M]．上海：中国纺织大学出版社，2006
[27]胡迅，胡蕾．童装设计初步[M]．杭州：浙江人民美术出版社，2000
[28]杜冰冰．休闲装设计与制作800例[M]．北京：中国纺织出版社，1999
[29]龚建培．现代服装面料的开发与设计[M]．重庆：西南师范大学出版社，2003
[30]沈从文．中国古代服饰研究[M]．上海：上海书店出版社，2002
[31]叶立诚．中西服装史[M]．北京：中国纺织出版社，2002
[32]华梅．人类服饰文化学[M]．天津：天津人民出版社，1995